インドネシアは
ポスト・チャイナと
なるのか

アジア巨大市場の10年後

鷲田祐一 [編著]
＋一橋大学商学部グローバルマーケティング研究室

同文舘出版

目 次

序章 追い抜かれてゆく日本は、どう生き残ってゆくべきか?

1 中国での「経験」を、今後どう活かしてゆくか 2

2 10年後、また「失敗」を繰り返すのか 3

3 これからを担う若者たちが生きてゆく日本の姿 5

第1章 中国とインドネシアのマクロ視点比較

1 人口と経済の構造比較 10

(1) インドネシア進出企業数の増加　10

(2) 停滞しはじめた世界2位の経済大国　11

(3) 着実に成長するインドネシアと今後の課題　11

2 二大国の政治経済史—規律と自由— 13

(1) 中国政治経済史　13

(2) インドネシア政治経済史　16

(3) インドネシアの交通インフラの現状　23

i

3 二大国の人と行動規範—面子と実利— ················· 24

(1) 民族と管理政策—同化と存続—　24
(2) 国民性と行動規範—面子と実利—　27

第2章　消費社会の成熟段階を探る

1 消費社会の成熟モデルと新興国の現状 ················· 36

(1) 消費者の観点から見る
　　中国・インドネシアの比較と企業活動　36
(2) 国際的成熟モデル　36
(3) 経済情勢とともに急激なポストモダン化が進む中国　38
(4) 実利主義を背景として長期的にモダンにとどまる
　　インドネシア　40

2 消費者の成熟段階によって変わる3つの戦略の有効性 ················· 41

(1) 現地消費者の考え方を変える「統一化戦略」　42
(2) 現地産業を育てる「現地化戦略」　42
(3) 統一化と現地化の調和　43
(4) 先行事例から学んで現地市場に合わせる
　　「ローカルフィット戦略」　44
(5) 新興国市場進出の際に考慮すべき
　　「消費者成熟段階と戦略の適合度」　45

3 ケースその❶ 無印良品
―世界共通価値の追求と消費者認識のズレ― ……… 50

- （1）ポストモダンが生んだ無印良品　**50**
- （2）なぜ中国で MUJI が受け入れられたのか　**53**
- （3）インドネシアの中間層に売れない MUJI　**57**

4 ケースその❷ 資生堂
―成熟する販売チャネルと消費者― ……… 61

- （1）中国：中国人に嫌われる中国製製品・
  富裕層が離れてゆく百貨店　**61**
- （2）中国：百貨店市場縮小の裏で起こる EC 市場の急速拡大　**61**
- （3）中国：中国人消費者が欲しいのは
  日本ブランドか日本製製品か　**65**
- （4）中国：資生堂中国の起死回生の一手
  ―EC への集中投資―　**67**
- （5）インドネシア：伝統が色濃く残るインドネシア市場　**68**
- （6）インドネシア：
  中国と比較する今後の対インドネシア戦略　**73**

5 ケースその❸ ユニクロ
―ローカルフィットするグローバルブランド― ……… 76

- （1）SPA の強みを活かした統一化・現地化　**76**
- （2）なぜ SPA はローカルフィット戦略をとらないのか　**79**
- （3）手つかずのムスリムファッション需要に潜む巨大市場　**84**

第3章 メディアから見える国の構造

1 メディア産業の発展
―ロールモデルとしての先進国― 92

(1) メディア産業のロールモデルとしてのアメリカ　92

(2) ロールモデルをなぞる日本　95

(3) 先進国と比較する―中国・インドネシア―　96

2 中国とインドネシアにおけるメディアの意義
―ロールモデル(アメリカ)と比較して見える特徴― ... 96

(1) 中国―「政府のため」のメディア―　96

(2) インドネシア―根強い伝統メディア人気―　102

3 独自現地調査から見るメディアの今 105

(1) TV―国営から民放へ―　105

(2) ラジオ―大渋滞とカーラジオ―　109

(3) 新聞―紙媒体に未来はあるのか―　113

(4) インターネット
　　―蛙飛び(リープフロッグ)する産業構造―　116

第4章 企業の戦略フェーズを考察する

1 デルタモデルの活用 124

(1) デルタモデルにおける3つの戦略　125

2 ファスト・フード産業における デルタモデル視点での分析 ⋯⋯⋯⋯⋯⋯⋯ 127

（1）新興国における市場フェーズ　127

（2）中国市場　128

（3）インドネシア市場　130

3 自動車産業におけるデルタモデル視点での分析 ⋯⋯ 133

（1）中国市場　134

（2）インドネシア市場　141

（3）操作されない市場での自由競争のゆく末

　　―10年後のインドネシア自動車市場はどうなるか―　145

4 水インフラ産業における デルタモデル視点での分析 ⋯⋯⋯⋯⋯⋯⋯⋯⋯⋯⋯ 148

（1）水ビジネスの現状―PPP案件の増加―　148

（2）水メジャーと戦い案件を受注するために求められること　151

（3）大市場中国　154

（4）混迷のインドネシア市場　156

（5）日本企業の生きる道　157

5 各市場における デルタモデル視点での戦略フェーズ比較 ⋯⋯⋯⋯⋯ 159

あとがき　本書をとおして伝えたいメッセージ　165

目　次

v

インドネシアは
ポスト・チャイナとなるのか
―アジア巨大市場の 10 年後―

鷲田 祐一［編著］
＋一橋大学商学部グローバルマーケティング研究室

序　章

追い抜かれてゆく
日本は、
どう生き残って
ゆくべきか?

1 中国での「経験」を、今後どう活かしてゆくか

　日本は GDP において 2009 年から 2010 年頃中国に抜かれ、世界第 3 位になった。実に 42 年ぶり世界第 2 位の座を明け渡した形である。中国はその後も急激に GDP を伸ばし、現在では日本の約 2 倍という水準まで大差をつけた。これから先、日本は次々に新興国に追い抜かれていくのは間違いない。PwC やゴールドマンサックスが人口動態から推計した試算によると 2030 年頃までにインドとブラジル、そして 2050 年頃までにはインドネシア、メキシコ、ロシアにも抜かれ、おそらく世界で第 8 位ぐらいになっているであろうという予測もある。メキシコとロシアがこのまま順調に経済成長を続けるかどうかはかなり疑問であるが、長期的に見てインドネシアが世界有数の経済大国になっていくことはおそらく疑念の余地がないだろう。

　中国が 1995 年以降、大胆な経済自由化を開始した頃、日中関係は、少なくとも表面的には、今よりもずっと良好なものであった。しかし中国が国力を増すに従って、日本や欧米諸国とは大きく違う政治当局主導の中国の経済体制とどのように付き合っていくべきなのか、についての多大な困難が表面化していった。やがて尖閣諸島問題などを契機とする政治的な緊張によって、日本における中国進出フィーバーは完全に終焉した。GDP において日本が追い抜かれたのもちょうど時期的に重なったが、それはおそらく偶然ではないだろう。もちろん中国は今でも日本にとって最も重要な貿易相手国であり続けているが、20 年前のような楽観的な日中関係シナリオを描く人は、現在ではもはや稀である。

　この 20 年の間に、日本企業は中国に対して非常に多くの有形無形の投資をしてきた。目に見える直接的な投資だけではなく、有能な人材を中国オフィスに送り込んでグローバル戦略の経験をさせたり、研

究所を設立して中国の人々とたくさんの共同研究を実施したりもした。中国の消費者への調査や研究も盛んに行われた。それらの成果は、少なくとも日本企業が一定程度、中国経済に入り込んでいくためには有効に機能した。しかし、この中国での「経験」は、過去の欧米諸国との間で繰り広げたグローバル化の「経験」とはやや違うという印象を拭えない。それは、その「経験」をその後の幅広い経営課題に対して、どれぐらい活かせているか、という視点での違いである。極端にいえば、多くの日本企業が、これまでの中国での「経験」をうまく活かせていない。事実、たくさんの日本企業にヒアリングをすると「中国は特殊な国なので、そのほかの国ではその経験が活かせない」という声をよく聞く。特に中国に実際に駐在経験のあるビジネスパーソンほどこのような意見を述べる傾向にある。一橋大学で実施した企業調査においても、同様の結果が出ている。

　しかし、中国との20年の「経験」は、それがやや苦々しい結果に終わったものであるとしても、日本にとってほぼ初めてとなる、大規模な新興国対象グローバル化の「経験」だったはずである。国際的な経済援助という範疇を超えた、経営戦略の勝負を賭けた本気のビジネス・パートナーシップが目標だったはずである。もしもこの「経験」を未来に活かせず、今後ずっと「失敗」し続けるのあれば、それは本当の意味での日本経済の敗北、経済的繁栄期の終焉ということになってしまうだろう。

2 10年後、また「失敗」を繰り返すのか

　問題は、冒頭にも述べたとおり、今後も中国と同様な「追い抜かれる経験」が次々に待ち受けているということである。インドやブラジルのように、地理的にも歴史的にもやや縁遠い国であれば影響も小さ

序章
追い抜かれてゆく日本は、どう生き残ってゆくべきか?

3

いであろうが、インドネシアのように地理的・歴史的に近い国との関係をどう育んでいくのか、という問題は、日本企業の未来を考えるうえで極めて重要である。10年後に、また同じような「失敗」を繰り返すのであれば、本当に日本は新興国対象のグローバル化が苦手な国、ということになってしまう。そしてそれは、かつての欧米先進国のグローバル企業が歩んできた道とは明らかに違う、ということになってしまう。

　私たちは今回、中国、そしてインドネシアという国との間での、日本企業のグローバル化戦略を、このような大きな構図で比較するというフレームワークを描いてみた。かなり大雑把で、ある意味では荒唐無稽な比較フレームワークかもしれない。しかし直感的に「中国の次はどこだ？」という意識が存在しているのは、多くの日本企業の偽らざる本音であろうし、インドネシアを代表とするASEAN諸国との関係づくりにおいて「今度こそはうまくやりたい」「二の轍を踏むまじ」という期待があることも事実であろう。「失敗」を繰り返さないための方略を真剣に考えるべき時期である。

　そのためには、中国という国がどんな国であるのか、どんな消費市場であるのか、中国政府の介入はどのような性質のものであるのか、そして日本企業はどこで失敗したのか、を今一度見つめなおしてみることも重要である。過去20年余り、日本企業は真正面から中国の国家体制や国民性と向き合ってきたわけだが、まさに最も近い隣国と向き合う当事者であったがゆえに、客観的に中国を見られない状態にも置かれてきたと言えまいか。中国と比較しやすい別のもう1ヵ国を交え、お互いをベンチマークにしながら少し冷静に比較することで、大きな示唆が得られる可能性もあるのではないか。私たちの今回のフレームワークにはそんな意味合いもある。

　一方、インドネシアについては、私たち日本人は未だに意外なほど無知である。これほど近く、そして戦後、極めて親密な関係を維持し

4

てきた親日国であるにもかかわらず、中国や韓国や台湾、あるいは同じASEANのタイやシンガポールと比較しても、インドネシアの政治体制や国民性、歴史などについて十分な知識をもっている日本人が多いとは言いがたい。その理由の1つは、インドネシアがイスラム国家であることかもしれない。仏教や儒教が普及している国の方が、一般的な日本人にとっては理解のハードルが低いという側面もあろう。表面的な障壁を越えて、インドネシアを馴染み深い隣国として捉えなおし、基礎的な理解を深めることもまた、「失敗」を繰り返さないための必要最低条件といえよう。日本人にとって、多様性を受け入れるための重要な試金石にもなりそうだ。

　詳しくは後述するが、日本とインドネシアは戦後の歴史のなかで極めて深い関係を育んできた。そのような関係を活かして、あるいはそのような関係自体を深化させるために、総合商社各社は早くからインドネシアに進出し、現地の資源開発やインフラ開発、工業化に資してきた歴史がある。そしてインドネシアにも中間所得層が根づき、いよいよ新興国として次のステージに向かうのがこれから先の10年である。これまでとは違う多様な業種の企業が数多く進出している。10年後のインドネシアが、果たしてどんな国として発展していくのか、そしてどんな形で日本のGDPに追いつき、追い抜いていくのか、そのとき、日本は真のビジネスパートナーになり得ているのか。

3 これからを担う若者たちが生きてゆく日本の姿

　このような考え方のもとにして、本書はこれからの日本を担っていく一橋大学商学部鷲田研究室の第3期生14名とともに執筆された。それぞれが約2年間にわたって研究してきた内容を、鷲田が構成・再編集・加筆することで1冊の本ができあがった。研究活動に不慣れな学生

序章
追い抜かれてゆく日本は、どう生き残ってゆくべきか？

の執筆した内容が中心となっているため、いわゆる学術研究書の体裁とはなっていないが、できるかぎり資料を集め、研究室全員で客観的な分析を心がけた。唐突なロジックや、やや乱暴な記述があるかもしれないが、若い素朴な視点で日本企業のグローバル・ビジネスを見つめなおすことで編み上げた、近未来への前向きな提案書として読んでいただければ幸いである。

『インドネシアはポスト・チャイナとなるのか─アジア巨大市場の10年後─』というタイトルは、前述のような考え方に立って、長期的な視点で日本や日本企業の「生き残り方」を模索したいというメッセージを込めたタイトルである。これからの若者たちが生きていく日本は、これまでの日本とはまったく違う国になっていくかもしれない。少なくとも、繰り返し述べてきたとおり「追い抜かれていく先輩国家」という位置づけになることは間違いない。その前提に立って、敗北し、衰退し、徐々に忘れ去られていく運命をたどるのか、それとも国際社会の重要な一員として隣国の良きパートナーになり得ているのか、若者たちの素朴かつ新鮮な視点で、そんな大きな未来を俯瞰してみたつもりである。

次章以降では、それぞれの章ごとに、視点を変えて国のあり方・消費市場・経済構造の特性を見ていく。

まず第1章では、中国とインドネシアの、政治経済体制をマクロな基礎データで比較する。前述のとおり、日本人は中国についてはなんとなく基礎的な理解ができているのであるが、インドネシアについては基礎的な理解すらおぼつかない部分があるので、その弱点を補うのがここでの主目的である。同時に民族構成や宗教、そして国民性の違いなどについても大きな比較をしている。

第2章では、消費者市場という視点に立って、その近代化の段階比較をもとにして、主に消費材を扱う日本企業が両国でどのようなマーケティング戦略をとってきているかを分析する。日本のグローバル企

業の代表格であるユニクロ、MUJI、資生堂などを事例にしながら、消費社会の成熟化という論点を中心に据えて比較を試みる。

次に第3章は、さらに視点を変えて、国家の民主化とメディア産業の発達という側面から、アメリカ・日本・中国という三大メディア大国とインドネシアを比較することで、近未来のインドネシアのメディア環境を展望してみるという目的を掲げている。グローバルマーケティング戦略を推進するに当たって、その国のメディア環境の理解は必要不可欠な要素であるが、意外にもそのような視点での研究は極めて少ない。本書では、一橋大学が実施している独自の若者消費者調査（Hitotubashi Global Consumer Survey：HGC Survey）の結果も利用して、この問題に切り込む。

最後に第4章では、企業側の視点に立って、どのようにすれば進出先の経済体制において安定的な競争優位性を築けるのか、という問題を論じる。アメリカ・マサチューセッツ工科大学のアーノルド・C.ハックスらが提唱する「デルタモデル」という戦略論フレームワークを援用しつつ、第1次産業、第2次産業、第3次産業それぞれの事例を検討することで、日本とインドネシアが培ってきた関係を、未来に向けての財産にするための指針を論じている。

本書は、過去2冊の同文舘出版既刊『日本は次に何を売るか』『日本企業は次に何を学ぶべきか』とあわせて、シリーズ構成をなしている。一見すると互いに関係性が薄いように見える別々の産業ジャンルが、着目点によっては多くの隠れた類似性があり、海外事業や海外顧客の視点で見つめなおすことによって、これまでの壁を突破しようとする各企業の取り組みの「本質」が浮き彫りになる、というのは、本シリーズを通じて一貫しているメッセージである。とかく縦割り・蛸壺化しやすいのが専門書やビジネス書の常であるが、私たちはそのような無用な壁を取り払い、もっと素朴な視点で現在と未来の日本企業の姿を捉えなおしていきたいと強く願っている。本書もそのような視点

序章
追い抜かれてゆく日本は、どう生き残ってゆくべきか？

で読み進めていただければ光栄である。

　なお、各章の執筆を担当したのは以下である。
　序　章：鷲田祐一
　第1章：大辻心平、西川瑞基
　第2章：佐藤惇平、下町南実、正田瑶子、田中裕子、塚原章裕、
　　　　　渡邊信春
　第3章：龍门元都、西川瑞基、朴台原、細田敦子
　第4章：赤木裕介、浦野愛理、岡部悠介

（いずれも五十音順）

　また、全体編集および参考資料などの調整などを担当したのは、塚原章裕、西川瑞基である。なお、執筆内容について不備や誤りなどがあれば、すべて鷲田の責任である。本書の発刊に当たっては、毎度のことながら、同文舘出版（株）の青柳裕之氏と吉川美紗紀氏の多大なる御厚意を賜った。本当に感謝の言葉もない。
　私たちの研究室は、グローバル・マーケティングの研究成果を今後も引き続き発表していきたいと考えている。ささやかな研究室ではあるが、日本企業が力強さを取り戻すための一助になれればこの上ない喜びである。

　2018年3月

鷲田祐一

第 **1** 章

中国と
インドネシアの
マクロ視点比較

1 人口と経済の構造比較

（1）インドネシア進出企業数の増加

　日本にとって、中国に次いで重要な経済パートナーが現れつつある。それはインドネシア共和国（以下インドネシア）である。東洋経済新報社が発表した2013年度版の「「海外進出国ランキング」トップ50」によると、前述したようにここ数十年間、常に中国が新規の進出国として首位を走っているものの、近年は中国一辺倒ではなくなってきている。新たに伸張しているのがインドネシアだ。つい5年前まで

図表1-1 急上昇するインドネシアの順位
　　　　　　―新規海外進出トップ10の推移―

順位	2007年	08	09	10	11	12 （判明分）	13予定 （判明分）
1	中国	中国	中国	中国	中国	中国	中国
2	アメリカ	アメリカ	アメリカ	インド	インド	インドネシア	インドネシア
3	タイ	タイ	ベトナム	アメリカ	タイ	タイ	インド
4	インド	インド	タイ	タイ	アメリカ	アメリカ	ベトナム
5	ベトナム	ベトナム	インド	シンガポール	インドネシア	ベトナム	メキシコ
6	韓国	台湾	香港	香港	ベトナム	インド	韓国
7	香港	シンガポール	韓国	ベトナム	シンガポール	シンガポール	タイ
8	イギリス	韓国	シンガポール	韓国	韓国	韓国	アメリカ
9	オランダ	ドイツ	ドイツ	香港	香港	香港	香港
10	メキシコ	香港	ロシア	台湾	台湾	マレーシア	台湾
トップ10圏外時のインドネシア順位	14	21	14	11			

出所：東洋経済ONLINE「「海外進出国ランキング」トップ50」2013年7月18日
　　　〈http://toyokeizai.net/articles/-/15578〉。

10

インドネシアは日本企業の進出先ランキングのトップ 10 にも入っていなかったが、2012、2013 年には中国に次いで 2 位に位置している（図表 1-1）。

このような日本企業の進出先の変化の原因は、中国経済がかつての勢いを失いつつあり、その一方でインドネシアの投資先としての魅力が高まっているという点にある。

（2）停滞しはじめた世界 2 位の経済大国

中国は多国籍企業の生産拠点として発展し、「世界の工場」と呼ばれるまで成長した。2000 年代には平均 2 桁成長の成長率を叩き出し、2010 年にはついに世界第 2 位の経済大国の地位を築いた。しかし近年、その成長は失速気味である。2000 年代、中国経済は毎年 2 桁成長を続けたが、2016 年の GDP 成長率は 6.8％と、未だ高水準ではあるものの、かつての勢いを失っている。失速に加え、今後の中国経済が直面する大きな課題が、少子高齢化社会である。65 歳以上の人口と生産年齢人口（15 ～ 64 歳）の相対的な比率を見てみると、中国では、2010 年以降 65 歳以上が占める割合が急激に増えている。1979 年から2015 年まで続いた一人っ子政策による人口抑制の影響で、2021 年には高齢化社会に、2032 年には超高齢化社会が訪れるといわれており、中国経済の足かせとなることが予想されている。

（3）着実に成長するインドネシアと今後の課題

中国経済の減速が予想されるなか、インドネシアは対照的に安定成長を続けている（図表 1-2）。インドネシアは ASEAN の総人口、総GDP、総面積のいずれもの 4 割以上を占める ASEAN の大国だ。2004年、インドネシアの歴史上初めて直接選挙によって選出されたユドヨノ大統領による民主主義政権が発足して以降、インドネシアの社会情勢は安定している。またその 10 年間、インドネシア経済は 5 ～ 6％の

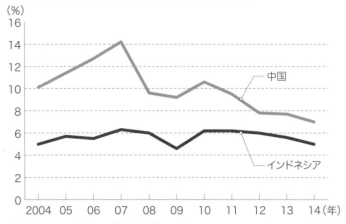

出所：The World Bank [2015]「World Development Indicators」〈http://documents.worldbank.org/curated/en/795941468338533334/pdf/956820PUB097810til0Apr140at010300am.pdf〉をもとに筆者作成。

成長率を毎年維持している。

　インドネシアの安定した経済成長を支えたのが、前ユドヨノ政権による投資環境の改善と、新興国の高成長にともなう資源ブーム、そして平均年齢28歳、2億5000万人（世界4位）という若く巨大な人口だ。スハルト政権下では「汚職は文化」といわれるまで蔓延していた汚職、腐敗を「汚職は犯罪」としてユドヨノ政権は対策に尽力し、外資系企業が投資しやすい環境が徐々に整い始めた。次に、高成長を続ける新興国の資源需要が増大したことにより、石炭や天然ガス、パーム油を主要輸出産品とする資源国インドネシアの輸出が増大した。そして人口の8割弱を占める中間層による個人消費が底堅く、また生産年齢人口（15〜64歳）も人口の66％を占めるため、需要と供給の両面でインドネシアの人口は経済成長の原動力となっている。中国の人口の伸びが2020年頃から停滞し、徐々に減少しているのに比べ、インドネシアの人口は右肩上がりで伸び続けているのがわかる。インド

ネシアの人口は 2070 年まで増加し続け、生産年齢人口が総人口に占める比率が継続的に高まる「人口ボーナス期」は 2030 年まで増加し続けるといわれている。そして、持続的な経済成長にともない中間層も拡大していく。そのため、今後も経済成長と国内需要の拡大が続いていくと予想される。

2 二大国の政治経済史―規律と自由―

　両国の政治経済における特徴を概観してみたい。両国の特徴をそれぞれ端的にいえば「規律の国」中国、「自由の国」インドネシア、といえる。中国とインドネシアは両国とも、それぞれ建国した 1945 年、1949 年からの 50 年間、独裁政権が続き、経済も政府による統制の影響が強かった。中国では現在も共産党政権による統制が継続し、数々の規律によって縛られた社会主義的市場経済体制をとっている。一方、インドネシアは 1998 年のスハルト政権の終焉とともに自由な民主主義国家として生まれ変わり、政府による経済統制の影響力は昔と比べ格段に弱まっている。このように「規律と自由」という対照的なキーワードによって特徴づけられる両国の政治経済史を具体的に振り返っていこう。

(1) 中国政治経済史

　1978 年に改革・開放政策を開始し、国際経済に参加してから 2010 年までの 30 年余りで、中国は GDP で日本を抜き世界第 2 位の経済大国になった。この 30 年間の共産党政権による試行錯誤と中国経済の成長の経緯を見ていきたい。

第1章
中国とインドネシアのマクロ視点比較

13

①改革開放政策と開かれた大国

1960年から1978年までの間、中国は毛沢東主導のもと外国からの援助や直接投資を受けず、なるべく国内だけの力で経済活動を行う「自力更生」が追求した。しかし毛沢東の逝去にともない復権した鄧小平によって、1978年、改革開放政策が推し進められ、中国は計画統制経済から市場経済への転換を開始し、外国資本の導入による経済の立て直しを図った。

都市部では対外開放の第1歩として、広東省と福建省に市場メカニズムを導入した4つの経済特区を設置。さらに14の経済技術開発区、3つの開放区が設置され、1990年まで沿海地域を中心に段階的対外開放は推進された。これらの改革は海外直接投資や地場の民間企業との増加を呼んだ。

1989年の「天安門事件」によって先進国から経済制裁を受け、改革開放は一時停滞した。そこで1992年、鄧小平は政治論争を止め、まずは経済改革を推し進めようと説く「南巡講話」を敢行し、改革開放は再び加速した。

鄧小平の後継者である江沢民は1994年、「社会主義市場経済」路線を進むことを決定し、市場メカニズムの導入がこれまで以上になされた。それ以前は沿岸の都市に集中していた対外開放地区を内陸、辺境地にも多く設置し、地方政府は積極的に不動産建設への外資誘致を行った。これらの政策により、海外からの投資が一層増加した。

② WTO への加盟と「世界の工場」、巨大消費地への道のり

2001年、中国は15年にわたる加盟交渉の末、世界貿易機関（以下WTO）に加盟した。WTOへの加盟を果たしたことで、中国は経済に関する国際ルールを遵守することが義務づけられ、関税は下がり、貿易の際に必要だった「貿易権」の取得が容易になった。この結果、外国企業にとって中国で事業を行う際のリスクが大幅に低下し、広大な

土地と豊富な労働人口があり生産コストが安い中国に、それまで以上に多くの外国企業が生産拠点を構え始めた。その結果、2009年にはドイツを抜き世界最大の輸出国となり、中国は名実ともに「世界の工場」へと変貌を遂げた。

「世界の工場」として急激な経済成長を果たした中国は、資本を蓄え、単なる生産拠点としてだけでなく、巨大な消費市場となった。WTO加盟の際に約束した金融や流通等サービス業の市場開放により、外国銀行や外資系小売業による中国への直接投資が増加したことも、消費市場としての中国の魅力を増大させた。

③第2位の経済大国へ

2008年の北京オリンピック、そして2010年の上海万国博覧会の開催は中国の経済発展に活力を与え、発展した中国の姿を国際社会に見せる形となった。また、2008年、世界中がリーマンショックによる不況にあえぐなか、中国政府は「4兆元投資」(当時の日本円で64兆円)

図表1-3 日米中インドネシアのGDP推移

出所：The World Bank (2015)「World Development Indicators」
〈http://documents.worldbank.org/curated/en/795941468338533334/pdf/956820PUB097810til0Apr140at010300am.pdf〉をもとに筆者作成。

という大規模な大型公共投資を行い、不況をいち早く脱した。

　2000年代、世界の工場、巨大な消費市場として発展した中国経済は年平均2桁成長を記録し、ついに2010年、中国は名目GDPで日本を抜き、アメリカに次いで世界第2位の経済大国となった。**図表1-3**は日米中インドネシアのGDP推移を示したグラフであるが、中国経済は1978年の改革開放政策開始から着実に成長し、対外開放、社会主義市場経済の導入、そしてWTOへの加盟など、共産党政権に主導されながら世界第2位の経済大国になるまでに急激に発展したことがわかる。

（2）インドネシア政治経済史

　一方のインドネシアはどうであろうか。現在のインドネシアに相当する地域が、まとまった1つの統治領域として成立したのは20世紀初めのことである。17世紀の初めにこの地で最初の支配を開始したオランダが支配領域を広げていき、最後にアチェやバリを征服してオランダ領東インドという広大な植民地を築き上げたのである。この領域がそのまま現在のインドネシアになっている。ここでは社会意識が発展した植民地時代、オランダからの独立後にナサコム（NASAKOM）体制を作り上げたスカルノ政権、開発独裁体制のスハルト政権を経て、民主主義へ回帰していくまでのインドネシア政権の変化を概観してみたい。

①植民地時代における社会意識の発展

　オランダの植民地支配は、同化主義を基本とする日本の台湾・朝鮮統治などと違い、オランダと現地のコミュニティとの間に距離を置くものだった。オランダはそれまで用いられていた現地の伝統的支配機構や支配階層を使って間接統治を行っており、「原住民」へのオランダ式教育の機会は最小限にとどめ、オランダ語やオランダ文化の普及に

16

も力を入れなかったのである。

　しかし、19世紀末からスエズ運河の開通や蒸気船の就航によってオランダからの渡航者が増えてくると、その生活環境を整えるために「原住民」の教育や衛生状態の向上が重要な課題になってきた。そこでオランダ女王の命令で、倫理政策と呼ばれる住民の福祉向上のための一連の政策がとられるようになった。その倫理政策の骨子の1つには教育機会の拡大も含まれており、住民らの政治意識の発展にもつながった。欧米の民主主義や平等意識を学ぶにつれ原住民たちは自分たちの置かれている状況の不条理さに疑問を抱くようになり、高等教育を受けた人々の間では民族意識も芽生え始めた。そして、これが1945年の独立宣言や1950年まで繰り広げられた独立闘争のエネルギーの源泉となりインドネシアという国家が成立した。

②スカルノ政権における「指導される民主主義」

　1945年の独立宣言後、初代大統領に選出されたのはインドネシア国民党の党首であるスカルノであった。スカルノ政権の初期においては議会制民主主義が維持されていたが、1950年代後半にスカルノは議会を解散し、大統領権限を強める変革を断行した。「指導される民主主義」を唱え、軍部と共産党の勢力を基盤に独裁権力を握り、憲法を改定して終身大統領に就任し、首相も兼ねることとなったのである。そして共産主義、宗教、民族主義の3つの勢力のバランスの上に立ったナサコム（NASAKOM）体制を築いた。この体制のもとで、スカルノ政権は反西側陣営、反国連、親中国の姿勢を強め、特にアメリカとの対立路線を強調した。

ⅰ）植民地経済からの脱却と国有化

　インドネシアは1949年に締結されたハーグ協定によってオランダからの独立を果たしたが、経済面ではまだまだオランダの植民地で

あった。というのも、経済の中心である農園、鉱工業、金融、開運といった部門はハーグ協定によってオランダの全権益が保証されていたのだった。それでも1958年、国民の反オランダ感情が高まるなか、オランダ所有の農園を住民が占拠し始め、政府は国有化法によってオランダ企業を全面的に国有化した。こうして、インドネシアは経済面でも独立を果たした。国営企業が基幹産業の一翼を担うという現在まで続く構造がこのとき生まれた。

　また、イギリスの旧植民地であるシンガポール、サラワク、サバ、ブルネイをマヤラ連邦に統合する「マレーシア構想」をめぐりイギリス、アメリカとスカルノ大統領が対立したことから、スカルノ大統領は両国企業を追放し、外国資本を排除した国家資本主体の統制経済を敷いた。農園作物を輸出し、工業製品を輸入するという植民地時代と同様の産業構造が保たれたが、国営企業の業績は低迷し、財政赤字とインフレーション（以下インフレ）に苦しんだインドネシア経済は破綻しかけた。

ⅱ）戦後賠償とODAによって築かれた日本との関係

　オランダ企業を国有化し、外国資本を締め出すなか、スカルノ大統領はその代替となる経済的なバックアップを日本に求めた。戦後の日本とインドネシアの関係は、1958年、両国が第2次世界大戦の賠償に関する合意を結んだことから始まった。1951年に締結されたサンフランシスコ平和条約をもとに、賠償は現金ではなく約8兆3億8080万円相当の日本の生産物および日本人の役務によって12年間の期間内に供与することが決められた。具体的には、日本企業によるインドネシアの不動産開発や工場の建設、自動車等日本製品の供与などが実施された。これらの賠償事業を通じ、多くの日本企業はインドネシア市場に参入する機会を獲得し、ビジネスの土台を築くこととなった。インドネシアへの戦後賠償は1963年をもって終了したが、日本からの

支援は政府開発援助（ODA）という形で続いた。ODA は戦後賠償と同様にひも付き援助で、インドネシア国内のインフラ事業などに日本企業が携わり、インドネシア進出の足がかりとなった。補足として、現在もインドネシアにとって日本は最大の援助国であり、日本にとってもインドネシアは最大の援助対象国だ。2014 年までの累計援助実績は 5 兆 3500 億円にのぼり、2 位の中国の 3 兆 8500 億円を大きく上回っている（外務省［2014］）。このようにスカルノ政権による統制経済によってインドネシアから外資系企業が締め出されるなか、日本は賠償、支援という形で現在まで続く友好関係を築いたのである。

③スハルト政権における開発独裁体制

スカルノ政権下では、外資の導入や外国からの経済協力を制約する姿勢を貫いたため、経済開発が遅れ、人々は物資不足とインフレに苦しんでおり、スカルノや共産党に対する不満が募っていた。1965 年 9 月 30 日の深夜 7 人の陸軍将校が大統領親衛隊に襲われ 1 人を除いて殺害されるという事件が起こった。これを鎮圧したスハルト少将らはその背後に共産党がいたと主張し、容共的なスカルノはトップの座から排除され、共産党も壊滅し、軍部と共産党の 2 つの勢力を基盤とした体制が崩れて第 2 大統領として軍部出身のスハルトが就任した。

スハルト新秩序体制に求められていたのは、スカルノ時代に破綻した経済の立て直しであった。新秩序体制においては、スカルノ旧秩序体制から一転し、海外からの融資と資本を積極的に受け入れ開発を進めると同時に、共産主義を非合法化し親米路線を歩み始めたのである。しかし、この開発体制は次第に開発独裁の性格を強めていき、その利権をスハルト近親者が独占する腐敗したものとなっていった。選挙に参加可能な政党を制限し、自身の支持基盤に有利な環境を作った。さらに支持基盤である国軍には国防や治安維持に加えて行政の役割も付与、議席も用意されていた。さらには、情報省の出版許可制度

第1章
中国とインドネシアのマクロ視点比較

によって、言論の自由も制限したのである。

　そのような新秩序体制のなかで、静かに堆積されていった人々の不満は、改革・民主化を求める運動につながり、1997年のアジア通貨危機で爆発した。生活必需品のインフレや失業者の増加などの事態を打開できないスハルトの退陣を求めたのである。その背景には、タイやフィリピンの民主化や通信技術の発達による自由な情報の流れなどもあった。1998年3月にスハルトが大統領に7度選出されると、人々の怒りはピークに達し、デモや暴動は激化、これらの事態を収束できなかったスハルトは退任に追い込まれた。

ⅰ）工業化の促進

　スハルト政権は、「開発」を経済政策の中心に掲げ、工業化、食糧増産、社会開発を推進した。スカルノ政権が敷いていた社会主義的統制経済を資本主義的自由経済へと180度転換し、日本を含む西側諸国、華僑の資本を取り入れた。また、スカルノ政権時代に蓄積された財政赤字とインフレを抑制し、経済を立て直した。

　「開発」のなかでも工業化は成長戦略の中心だった。スハルト政権は1967年に外国投資法を定め、工業部門への外国資本の投資を呼び込んだ。また、工業製品に輸入関税を設け、繊維や家電などの軽工業は外国企業に輸出から現地生産へと切り替えさせた。木材などの国内資源は製材や家具など、より高付加価値の製品への国内加工と輸出が促された。また、大規模な投資を必要とする重化学工業は国営企業によって国産化がなされた。こうした政策の結果、地場の民間製造業も多く生まれ、1990年前後、インドネシアの生産と輸出の中心は農業・鉱業から工業に移った。スハルトが大統領に就任した直後の1960年代後半、GDPに占める工業の割合は10％以下だったが、退陣する1998年には20％代後半まで上がった。「開発」の結果、1968年から1996年までの約30年間、インドネシアのGDPは年平均7.0％の成長

20

率を維持し、インドネシア経済は発展した。

ⅱ）行き詰まる工業化

　スハルト政権による工業化政策により、国内の軽工業、資源加工業は大きく成長した。しかし、資本と技術の2つを必要とする航空機や石油化学などの重工業は、なかなか発展しなかった。そんななか、1997年、アジア通貨危機の影響により、インドネシア経済は危機を迎えた。ルピアは暴落し、経済活動は停滞したのだ。それをきっかけにインドネシアではスハルトによる権威主義体制に対する不満が爆発し、民主化運動が活発化した。そして1998年、権威主義的な中央集権体制によって30年もの間継続的にインドネシア経済を成長させてきたスハルトの退陣とともに「開発独裁体制」は終わり、工業化は鈍化した。

④民主主義への回帰

　スハルト新秩序体制が終わると、インドネシアはレフォルマシ（改革）の時代を迎えた。スハルト政権の終焉から2016年現在までの十数年の間に、ハビビからワヒド、メガワティ、ユドヨノ、そしてジョコまで5人の大統領を経験した。スハルト政権崩壊以後、多数政党が選挙に参加できるようになり、軍の行政機能は廃止され、さらに、2004年には直接大統領選挙が導入された。民主化への移行である。たしかに治安部隊による人権侵害や蔓延する汚職など、問題は山積みに思えるがインドネシアが戦後以降の国家主導の体制から国民主導の体制へと変化しているのは疑い得ない。

　1998年、スハルト大統領による中央集権体制、独裁政権が崩壊し、民主化、地方分権化がなされたものの、4回の憲法改正と3回の政権交代が立て続けに起こり、民主主義体制が安定するまでに6年半の時を要した。そして2004年、ようやくインドネシアの歴史上初めて、大

第1章
中国とインドネシアのマクロ視点比較

図表1-4 インドネシア経済回廊地図

出所：ジェトロ・ジャカルタ事務所［2015］「インドネシア・インフラマップ」2月〈https://www.jetro.go.jp/ext_images/industry/infrastructure/inframap/pdf/idn-summary201502.pdf〉。

統領・副大統領の直接選挙が行われ、ユドヨノ政権が発足した。ユドヨノ政権では、インフラの再構築が最重要課題となった。2011年、インドネシア政府は長期的な国土総合開発計画である「インドネシア経済開発加速・拡大マスタープラン2011-2015」を発表した。マスタープランの目標は、2025年までにインドネシアのGDPを世界10位以内の4～4.5兆ドルに押し上げることだ。その達成のために、全国の島々をインフラ網で結び、22の主要な業種を全国的に振興するという（図表1-4）。具体的な戦略は、①6つの経済回廊に沿った地域の経済的ポテンシャルの開発、②国内および国外との連結性強化、③経済回廊における開発プログラムを支援する人材や科学技術の強化」という3つに集約される（ジェトロ・ジャカルタ事務所［2015］）。経済回廊とはスマトラ経済回廊、ジャワ経済回廊、カリマンタン経済回廊、スラウェシ経済回廊、バリ＝ヌサ・テンガラ経済回廊、パプア＝マルク群島経済回廊の6つで、22業種のうちいくつかがそれぞれの経済回廊で中心的に振興される。インフラを再構築し、資源以外の産業を、ジャワ島だけでなく全国的に発展させることが、これからのインドネシア経済の成長の鍵となっている。

（3）インドネシアの交通インフラの現状

　前述したように、インドネシアの交通インフラは不足しており、その再構築が経済発展には不可欠である。インドネシアの道路・鉄道・空港・港湾インフラの現状を見てみよう。

ⅱ）道路インフラ

　道路の総延長距離は約50.2万km（2012年時点）で、2005年から継続的に伸びている。しかし、舗装率は上昇しておらず、未舗装の道路が約43％を占めており、道路舗装は大きな改善を必要としている。また、ジャカルタでは渋滞が慢性化しており、港湾や空港から工業地帯までの必要時間が長期化している。

ⅲ）鉄道インフラ

　鉄道の総延長距離は約5000km（2010年時点）で、7割はジャワ島に、3割はスマトラ島に集中している。スマトラ島ではそのほとんどが貨物輸送に使われている。一方ジャワ島では、貨物鉄道のほかに、ジャカルタMRTという都市鉄道の開業が2016年に予定されており、交通渋滞の緩和が期待されている。

ⅳ）空港インフラ

　空港は、ジャカルタから西に20kmほどに位置するスカルノハッタ国際空港のほか、12の国際空港と23の国内空港が存在する。道路インフラの項目でも述べたが、インドネシアでは道路の43％が未舗装のため、陸続きでも航空輸送が利用されることがしばしばある。

ⅴ）港湾インフラ

　群島国家であるインドネシアにとって、海上輸送は外国貿易の約9

割、国内貿易の約8割を占めるほど重要な役割を果たしている。2013年時点で、インドネシアには約100以上の商業港があり、その管理は4つの国営港湾運営会社が行っている。そのなかでも、ブラワン港（メダン）、タンジュン・プリオク（ジャカルタ）、タンジュン・エマス（スラバヤ）、マカッサル（南スラウェシ）は国内のハブセンターを担う最重要港湾であり、特にタンジュン・プリオクはインドネシア港湾全体のコンテナ取扱量の半分を担っている。インドネシアでは取扱貨物量が近年増加するなか、港湾の容量が絶対的に不足しており、港湾の混雑による物流の停滞が大きな問題になっている。2015年現在、それらの商業港のうち主要6港を結ぶ「海上高速」という海上物流ネットワークの構築が急がれている。それが実現すれば国内流通が活性化され、物流コストも低減し、それに連なってジャワ島以外の島々での物価低下も期待できる。

　このように、インドネシアの物流網は課題が山積みである。しかし、前ユドヨノ政権から続くインフラ再構築計画によって、徐々にではあるが改善の兆しが見えている。

3 二大国の人と行動規範―面子と実利―

　次に、両国に住まう人や人の価値観といった国のソフト面について述べ、包括的な両国の理解を進めていこう。

（1）民族と管理政策―同化と存続―

　まず中国、インドネシアにおける民族の多様性とそれに対する国の政策について比較してみよう。両国ともに大国だけあって民族的多様性は豊かだ。民族の多様性を定量的に概観し、国がいったいどのような人々によって構成されているのか見ていこう。

24

①中国の民族と同化する多様性

　「中国人」「中華民族」には人口13億5000万人のうち約92%を占める「漢民族」に加えて、計55種にも及ぶ少数民族が含まれている。民族ごとに独自の言語をもつことも多いが北京語（マンダリン）が公用語だ。しかしながら中国政府の少数民族政策の特徴は「民族区域自治」と呼ばれる制度の利用である。この制度は「国家の統一的な指導のもと、各少数民族が集まって住む地方で区域自治を実施し、自治機関を設立し、自治権を行使する」ことを基本としているが、一方で「民族区域自治地方の自治機関は国家の統一を擁護しなければならない」とも定めており、民族自治区域の最高権力者の地位には中央から派遣された漢族が就任することが慣例となっている。したがって、実際には政府を仕切る共産党と漢民族文化による統治が全地域で行われ、民族自治が形骸化し「思想の自由」「信教の自由」が害されているケースも少なくない。これらの民族区域自治を実施している地域は中国全国の64%を占め、全国少数民族人口の75%が民族自治区域に居住している。以上より、中国において少数民族は多数存在するものの、政府主導で思想や社会制度の同化が強く行われており、民族や思想の多様性は失われつつあるというのが現状であろう。

②インドネシアの民族と存続する多様性

　インドネシアは人口2億5千万人という世界4位の人口大国であるが、サイズ感のみならず無数に存在する民族の多様性も大きな特徴といえるだろう。国是も「多様性のなかの統一」でありインドネシアにおいて人種や思想の多様性が1つのアイデンティティとなっている様子がうかがえる。**図表1-5**にはインドネシア人の約40%を占めるジャワ人から順に上位10民族を記載したがそれでもまだ全体の75%にすぎず、11位よりも下は全体の約1%かそれ未満の少数民族が無数に並ぶ。異民族間のコミュニケーションは基本的に公用語であるインドネ

第1章
中国とインドネシアのマクロ視点比較

図表1-5 インドネシア民族人口比率

	民　族	割　合(%)
1	ジャワ人	40.1
2	スンダ人	15.5
3	バタック人	3.6
4	マドゥラ人	3.0
5	ブタウィ人	2.9
6	ミナンカバウ人	2.7
7	ブギス人	2.7
8	バンジャル人	2.0
9	バリ人	1.7
10	ササック人	1.3
	合　計	75.5

出所：CIA The World Factbook

図表1-6 インドネシア宗教割合

	宗　教	割　合(%)
1	イスラム教	87.2
2	プロテスタント	7.0
3	カトリック	2.9
4	ヒンドゥー教	1.7
5	仏教	0.7
6	儒教	0.1
7	その他	0.1

出所：村井・佐伯・間瀬 [2013]。

シア語である。また、すべての国民が何らかの宗教を信仰していることも着目すべき点である。**図表1-6**には信者が多い順に各宗教が並んでおりイスラム教徒が全体の87.2%と多数を占め、そこからキリスト教・ヒンドゥー教・仏教・儒教と5つの宗教が並んでいる。この5つの宗教がインドネシアにおいて公定宗教であり、国民は原則としてこの5つのうち1つを選び、パスポートなど公的な身分証に自らが信仰する宗教として必ず記載しなければならない。

インドネシアにおいても中国同様、「トランスミグラシ」などの人口分散政策によって中央から地方へ人を送り込み、政府主導でマイノリティに対する同化政策が行われたこともあるが、中国ほど政府の権力が強くないこと、民族数が無数に存在し各々の民族意識も強いこと、島々に人が分散しており強固な統治システムにくいことなどを理由に、未だ同化はあまり進んでいない。したがって、インドネシアは民族的多様性が

維持された地域や民族グループごとに思想や言語も異なっている国といえる。

(2) 国民性と行動規範—面子と実利—

次に、中国・インドネシアの行動規範ともいえる「面子の文化」「実利の文化」に焦点を当ててみたい。人の思想や価値観に関する知見を深めることで両国の国民をビジネスと関連づけながら定性的に理解していこう。

①「面子」の中国

「豪華さ」や「ブランド品」に対して積極的な姿勢を見せる中国の消費者の特徴的な消費性向の背景には、「面子」と呼ばれる独特な意識が存在している。この面子を示すために一般論として中国社会においては、「大きい」「豪華」「珍しい」「対称」「縁起が良い」などの要素が支持される（安田［2011］）。しかし、そこで中国人は一般的に経済的地位や社会的地位を誇示し、自尊心を満たす見栄っぱりな国民性であると決めつけるのは早計だ。「面子消費」に関して考察した王［2011］によると、見栄を張る背景には、縦社会のなかで自分の今の地位よりも上の地位にある人脈を構築したいという意図が働いているのだという。すなわち、面子消費は、単純に自尊心を満たすために行われるわけでもなければ、自身の身の丈をただ見誤って行われるわけでもない。冷静に自分自身の社会階級を見つめたうえで、より高位の階級へ上がるための将来投資と考えるべきである。

ⅰ）「面子」の背景にある儒教

国民性を規定する要因には、伝統や文化、歴史、気候風土など、さまざまな要素が考えられるが、なかでも宗教をはじめとする思想・信仰体系の影響は大きい。中国人の面子意識の根底にも、2500年以上も

の間、中国の政治理念や思想、文化の基調となり人々に影響力を行使してきた儒教の存在があると考えられる。

　儒教は、五常（仁、義、礼、智、信）という徳性を拡充することにより五倫（父子、君臣、夫婦、朋友）関係を維持することを教えるものであり、人を思い遣ることを最高の徳目とし、人間の上下関係における礼節を守ることを重要視するものである。Li and Su［2007］の、面子は個人のためだけでなく所属する集団（家族、親族、友人、同級生など）のためでもあるという指摘や、先述した王［2011］の、縦社会のなかで自分の今の地位よりも上の地位にある人脈を構築したいという深層意識があるという指摘は、このような他者との関係性を重視する儒教的な思想体系が中国社会に深く根づいていることと関係があると見て間違いないだろう。

ⅱ）中国人消費者の特徴

　図表 1-7 は、アジア 15 都市における消費者の消費意識に関する調査である。まず、中国に目を向けると、中国 3 都市（上海、北京、広州）はほかの都市とは異なる傾向を見せていることがわかる。ほかのアジア都市で上位に入っている「買う前に値段をよく比較」という項目が中国 3 都市では上位に入っておらず、上海、広州では「ブランド商品には良さがある」がそれぞれ 2 位（35.3％）、3 位（34.4％）、北京では「どこの国のブランドかを意識する」、「購入する際ブランドを意識する」がそれぞれ 2 位（28.6％）、3 位（28.0％）となっており、ほかの国と比較しても消費意識のなかで、ブランドに対する意識が強いことがうかがえる。また、図表 1-8 はアジア 15 都市における消費者のお金の使い方に関する調査だが、中国に関して特筆すべきなのは、上海の「個人的なプレゼント」の項目である。上海は、アジア 15 都市のなかで唯一「個人的なプレゼント」が上位 5 位以内に入っている都市である。このように、ブランドに対する意識が強かったり、贈

答品にお金をかけたりするのは、前述した中国の面子意識の現れだといえる。

図表1-7 アジア15都市における消費者の消費意識

		アジア15都市計	上海	北京	広州	ジャカルタ
1位	買う前に値段をよく比較	①51.0	26.0	24.8	30.3	①51.5
2位	計画的な買物をする	②40.4	23.3	16.6	24.5	④29.6
3位	買い物上手な方だ	③39.3	17.2	20.8	20.3	②37.6
4位	品物が揃っている店まで行く	④39.1	③31.5	⑤27.0	①36.3	23.5
5位	ブランド商品には良さがある	⑤38.0	②35.3	21.6	③34.4	24.1
6位	購入する際ブランドを意識する	37.4	26.8	③28.0	27.2	21.9
7位	新製品はすぐに試してみる	36.9	①39.4	26.7	⑤32.9	19.6
8位	いろいろな商品の情報に詳しい	36.6	⑤27.9	25.7	①36.3	18.3
9位	ひとつのブランドを使い続ける	36.4	24.0	④27.1	22.5	18.5
10位	役立つアドバイスをしてくれる店は重要	33.4	20.0	23.4	24.3	16.8
11位	品質のいいものは値段が高い	30.5	27.8	①31.5	④33.1	⑤26.5
12位	値段が高くても気に入れば買う	28.7	④28.4	26.2	22.8	9.9
13位	社会・経済的階級にふさわしい価格帯がある	28.2	24.4	10.1	21.4	25.3
14位	どこの国のブランドかを意識する	27.5	14.7	②28.6	16.5	9.5
15位	どこの国で作られているかを意識する	27.0	14.7	20.1	23.2	7.1
16位	衝動買いをよくする	25.3	19.3	26.4	20.9	③30.5

注：①＝1位の項目、②＝2位の項目、③＝3位の項目、④＝4位の項目、⑤＝5位の項目。
出所：博報堂［2014］。

第1章
中国とインドネシアのマクロ視点比較

図表1-8 アジア15都市におけるお金の使い道

		アジア15都市計	上海	北京	広州	ジャカルタ
1位	ふだんの食事	① 91.6	② 63.8	② 80.7	① 88.4	① 98.4
2位	通信費	② 76.5	④ 49.8	④ 73.3	④ 78.9	② 74.5
3位	ふだん着	③ 70.4	48.9	③ 74.5	② 82.9	⑤ 47.9
4位	外食	④ 64.8	① 64.7	① 85.2	③ 81.8	24.5
5位	貯金	⑤ 62.1	43.6	42.1	48.3	③ 66.9
6位	外出着	61.5	③ 51.5	⑤ 68.5	⑤ 70.6	30.4
7位	交際（飲食含む）	52.5	45.5	44.5	61.5	22.9
8位	個人的なプレゼント	44.6	⑤ 49.0	26.7	42.2	18.8
9位	趣味	44.1	37.4	38.1	53.9	22.1
10位	家電品	43.4	13.1	26.2	27.8	37.5
11位	旅行	42.3	24.0	20.2	38.9	7.6
12位	子供のための教養・勉強	40.6	28.5	32.4	37.2	④ 50.6
13位	健康・リラックス	39.5	17.2	17.6	31.2	31.3
14位	美容（エステ含む）	39.4	13.0	24.3	38.2	15.0
15位	レジャー（旅行除く）	38.8	45.8	34.9	64.8	20.3

注：①＝1位の項目、②＝2位の項目、③＝3位の項目、④＝4位の項目、⑤＝5位の項目。
出所：博報堂［2014］。

②「実利」のインドネシア

インドネシアに関しては中国の面子ほどわかりやすく国民性を現す概念はないものの、「機能性」「合理的」「効率的」「堅実」「必要十分」といった実利的な面を重視した消費行動がインドネシア人消費者の特徴である、というのが筆者らの見解だ。

再度、**図表1-7**、**図表1-8**を用いてインドネシア人の消費意識やお金の使い方の傾向を探る。ジャカルタの人々の消費意識を見てみると、「衝動買いをよくする」がトップ3に入ってはいるものの、「買う

前に値段をよく比較」、「計画的な買物をする」、「買い物上手な方だ」
という3項目が上位にあり、基本的には堅実で賢い消費をする傾向に
あることがうかがえる。また、お金の使い方を見てみても、「外出」、
「交際（飲食含む）」、「趣味」、「旅行」、「美容（エステ等含む）」、「レ
ジャー（旅行除く）」の割合が他都市と比較しても軒並み低く、「普段
の食事」、「通信費」、「ふだん着」、そして「貯金」がランキング上位に
入っている。「普段の食事」、「通信費」、「ふだん着」という日常生活に
近い消費はほかの多くの都市でもランキング上位に入っているが、「外
出」、「交際（飲食含む）」、「趣味」、「旅行」、「美容（エステ等含む）」、
「レジャー（旅行除く）」の割合が圧倒的に低いこと、「貯蓄」が同時に
ランキング上位に入っていることを考えると、相対的に、ジャカルタ
の人々は日常生活に近い部分に関する消費を他都市よりも重視してお
り、無駄な出費を極力抑えていることがわかる。全体としてコト消費
よりモノ消費の傾向が強いインドネシアにおいてはわかりやすく自分
の役に立つ実利的なものが好まれると考えられる。

i）社会の土台となるイスラム教

　国民性を語るうえで宗教は避けられない話題であろう。インドネシ
アでは、宗教を信ずることが義務とされている。全人口のうち実に9
割弱がイスラム教を信仰しており、世界第4位の巨大な人口を背景に
約2億3800万人という世界最多のイスラム教徒を有する国となって
いる。イスラム教の価値観で全人口の9割が生活を送っていると考え
れば、インドネシアとかかわるうえでイスラム教の重要性を実感して
いただけるはずだ。

　イスラム教はアラブの遊牧民や砂漠の宗教と思われがちだが、もと
もとは商人の宗教として生まれた。預言者であるムハンマド自身が商
人だったこともあり、イスラム教は商業倫理を重視している。商人が
正しい契約によって利益を得ることを積極的に肯定している。このた

第1章
中国とインドネシアのマクロ視点比較

め、イスラム世界では商業が発展し、手形や為替などの商業システム
も整備されてきたのである。

　また、イスラム教の聖書であるコーランは宗教的な話だけでなく、
日常生活に関するルールも定めておりイスラム教徒はコーランに従っ
て生活することになる。それに従い、イスラム世界ではコーランに基
づく法律、イスラム法が発展した。

　このようにイスラム世界ではイスラムの教えに従って社会が作られ
てきた歴史があり、インドネシアにおいてもイスラム教の教えとは単
なる個々人の価値観や道徳規範にとどまらず、政治、経済、ビジネス
といったあらゆる社会システムに組み込まれている。読者の方々には
インドネシアの人や社会を知るためにはまずイスラム教に関する知識
が一般教養として求められるということを覚えておいていただきたい。

▶参考文献

一般財団法人日本航空機開発協会（JADC）［2016］「平成27年度版 民間航空機関
　連データ集」3月。

インドネシア中央統計局（STATISTIK INDONESIA）「地域別・宗教別人口」
　〈http://sp2010.bps.go.id/index.php/site/tabel?tid=321&wid=0〉。

江口征男［2014］『中国13億人を相手に商売する方法「カネ」ではなく「チエ」で
　勝負する』ディスカヴァー・トゥエンティワン。

王　瑾著・松浦良高訳［2011］『現代中国の消費文化―ブランディング・広告・メ
　ディア』岩波書店。

大槻重之［2005］「インドネシア専科」〈http://archive.fo/I4BW〉。

外務省［2014］「最近のインドネシア情勢と日・インドネシア関係」。

外務省［2014］「政府開発援助（ODA）国別データブック2014」〈http://www.mofa.
　go.jp/mofaj/gaiko/oda/shiryo/kuni/14_databook/index.html〉。

金　春姫・古川一郎・施　卓敏［2010］「中国市場における面子と消費者行動に関
　する考察―既存文献のレビューに基づいて」『成城大學經濟研究』No.188、pp.159-
　175。

国際協力銀行［2012］「インドネシアの投資環境」〈https://www.jbic.go.jp/wpcontent/
　uploads/page/2015/08/40978/inv_Indonesia19.pdf〉。

佐藤百合［2011］『経済大国インドネシア 21世紀の成長条件』中央公論新社。

産経ニュース［2015］「インドネシアがTPP参加以降 日本企業にメリット」10月

27 日〈http://www.sankei.com/economy/news/151027/ecn1510270036-n1.html〉。

ジェトロ・ジャカルタ事務所［2015］「インドネシア・インフラマップ」2 月〈https://www.jetro.go.jp/ext_images/industry/infrastructure/inframap/pdf/idn-summary201502.pdf〉。

社会実情データ図録［2016］「中国の少数民族人口（2000 年)」〈http://www2.ttcn.ne.jp/honkawa/8230.html〉。

社会実情データ図録［2015］「世界のイスラム人口（2009 年推計)」〈http://www2.ttcn.ne.jp/honkawa/9034.html〉。

じゃかるた新聞〈http://www.jakartashimbun.com/〉。

徐　佳鋭・高田富夫［2012］「中国における港湾建設の現状と課題」『海事交通研究』No.62、pp.73-82〈http://www.ymf.or.jp/wp-content/uploads/62-9.pdf〉。

世界史講義録「第 44 回　イスラム教の特徴」〈http://www.geocities.jp/timeway/kougi-44.html〉。

高井潔司・遊川和郎編著［2003］『現代中国を知るための 60 章』明石書店。

高井潔司・藤野彰・曾根康雄編著［2012］『現代中国を知るための 40 章（第 4 版)』明石書店。

土田健次郎［2011］『儒教入門』東京大学出版会。

東洋経済 ONLINE［2013］「「海外進出国ランキング」トップ 50」7 月 18 日〈http://toyokeizai.net/articles/-/15578〉。

並木頼壽・杉山文彦編著［2011］『中国の歴史を知るための 60 章』明石書店。

日経ビジネス ONLINE［2016］「上海株ショック "失速" 中国経済で何が起きているのか」7 月 30 日〈http://www.nikkeibp.co.jp/atcl/matome/15/325410/07290075/?ST=business&P=1〉。

日本経済研究センター［2013］『習近平体制 1 年の成果と課題』12 月、2013 年度中国研究中間報告書〈https://www.jcer.or.jp/report/asia/detail4712.html〉。

日本経済新聞電子版［2015］「中国 7％成長に目標下げ 全人代開幕、軟着陸めざす」3 月 5 日〈http://www.nikkei.com/article/DGXLASGM05H2W_V00C15A3MM0000/〉。

本名　純［2013］『民主化のパラドックス―インドネシアに見るアジア政治の深層』岩波書店。

本名　純［2010］『2009 年インドネシアの選挙―ユドヨノ再選の背景と第 2 期政権の展望（情勢分析レポート)』アジア経済研究所。

丸川知雄［2013］『現代中国経済』有斐閣アルマ。

みずほ総合研究所［2015］『図解 ASEAN を読み解く ASEAN を理解するのに役立つ 60 のテーマ』東洋経済新報社。

三菱東京 UFJ 銀行国際業務部［2014］『新版 アジア進出ハンドブック』東洋経済新報社。

三菱 UFJ リサーチ＆コンサルティング［2014］『調査レポート インドネシア経済の現状と今後の展望―ジョコ・ウィドド新大統領のもとで、どう変わるのか？』10 月 16 日〈http://www.murc.jp/thinktank/economy/analysis/research/report_141016.pdf〉。

第 1 章
中国とインドネシアのマクロ視点比較

村井吉敬・佐伯奈津子・間瀬朋子編著［2013］『現代インドネシアを知るための60章』明石書店。

博報堂［2014］「Global HABIT レポート 2014年 Vol.1 アジア 15 都市生活者の消費意識とお金のかけ方」2月6日。

范　湛瑩［2013］「「ロゴ消費」から「ノーロゴ」へ―中国における20代、30代のラグジュアリー消費者行動の現状と変化」。

安田玲美［2011］「中国人のデザイン嗜好」2011年第8回物学研究会レポート、11月21日。

鷲田祐一［2014］『デザインがイノベーションを伝える―デザインの力を活かす新しい経営戦略の模索』有斐閣。

CHINA PRESS［2015］「中国鉄道総延長が11万キロ突破」1月30日〈http://www.chinapress.jp/pd/45056/〉。

Li, Julie Juan and Su, Chentting [2007]. How Face Influences Consumption: A Comparative Study of American and Chinese Consumers, *International Journal of Market Research*, Vol.49, No.2, pp.237-256

第**2**章

消費社会の
成熟段階を探る

1 消費社会の成熟モデルと新興国の現状

(1) 消費者の観点から見る中国・インドネシアの比較と企業活動

本章では、消費者の観点から見た中国・インドネシアの比較、およびその差異に対する企業のマーケティング戦略について考える。これは、本書全体のテーマである「10年後のインドネシアと現在の中国では同様となるか」そして「企業はどうすべきか」という問いに対して、消費者という側面から分析を試みるという位置づけである。

新興国はそれぞれに特徴があり、また大きな変動のさなかにある。第1節では、時間とともに変化する新興国の変化を消費市場の成熟という1つの軸のなかで比較し、その国の特徴を理解することを試みる。これにより、中国・インドネシア、そして日本の関係性が単なる経済指標だけではない形で浮き彫りとなる。続く第2節では、消費者から考える戦略として、「ローカルフィット戦略」「統一化戦略」「現地化戦略」という枠組みを紹介し、成熟度とこの戦略の関係性について分析を行っている。それ以後の節では、「MUJI」「UNIQLO」「SHISEIDO」の日本から海外に進出している代表的ブランドの活動を消費者の成熟度と企業の戦略という観点から分析している。

(2) 国際的成熟モデル

消費市場の発展の段階は3つに区分されうる。それは、多様であるが必要最低限な消費がされるトラディショナルな段階、画一的で大量な消費がされるモダンな段階、多様で大量な消費がされるポストモダンな段階である。トラディショナルな段階とは、産業化される以前の段階であり、地場での多様で小さな産業が存在し、地産地消型の消費経済が営まれている。ここでは、消費されるものは、場所や時により

多様であるが、必要最低限であることが大きな特徴である。トラディショナルな段階では、一般的にモノが不足している。そこで、工業化によりこれを解消しようとするのが次のモダン（近代化）である。モダンな段階では、工業化されることで標準化の名のもとに統一的規格の製品が市場を席巻する。この段階では、生産の効率化が図られ、急激な供給能力の上昇と集約的労働による労働者の所得向上が見られる。また、前段階であるトラディショナルと比較して量的そして質的変化が発生する。これが多くの新興国の劇的変化の原因である。そして、消費者は、モノが十分になると次に差別化された付加価値を求めるようになる。これがポストモダンである。ポストモダンな段階では、消費者が、所得と生活水準の向上にともない、統一規格による画一的な生活スタイルには満足できなくなり、さらに上位の差別化された商品を求めるようになる。この段階では、多様な価値観が生まれ、市場ニーズが細分化されるが、量としては前段階から減退はしないので質的変化のみが発生する。

　ただ、この段階の変化を理解するうえで重要なことは、段階が変化したとしても以前の側面が完全に消えはしないということである。モダンな段階においてはもちろんモダンに見られる性質が強いが、マイノリティとしてトラディショナルな一面は存在する。国や地域によっては、モダンな消費がトラディショナルな消費形態を駆逐することなく併存することもある。そのため、企業はモダン期においても前段階での傾向を無視することはできない。これはポストモダン期においても同様であり、モダン期に消費されていたモノは、多様なニーズが求められるなかで1つのニーズを満たすモノとして姿を変えず残るのである。

　このような消費市場の成熟段階を測る指標としては、小売チャネルのモダン化率が大きな指標となる。また、ポストモダン期に入ると、ショッピングモールやECの利用率が上がってくる傾向が見られる。

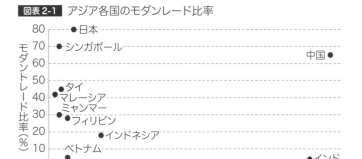

出所：Euromonitor international をもとに筆者作成。

中国とインドネシアを比較する前に日本の段階を見てみたい。**図表2-1**のとおり、日本のモダントレード比率は80％であり、明らかにトラディショナルな性質が薄いことがわかる。日本では総合ショッピングセンター（SC）やモールを利用する割合が高く、ECの利用率も高いため、ポストモダンな消費を行っているといえる。

(3) 経済情勢とともに急激なポストモダン化が進む中国

次に中国であるが、今まさにモダンからポストモダンへの過渡期にあるというべきであろう。2つの性質が微妙なバランスで見られる。まず、**図表2-1**のモダントレード比率を見ると、日本ほどではないが上位にいることから、十分に工業化が達成されていることが見てとれる。また、**図表2-2**のEC化率を見ると8.5％であり、日本が4.37％であることを踏まえると非常に高い数値といえる。これは、すでに多様なニーズがあることを示している。これらを踏まえると、中国の消費は、モダンからポストモダンへの移行のなかで、先進国とは違い店舗型ではなくECが先に普及し、多様なニーズを満たしてきた一方で、この多様な消費をする割合は多数とは言い切れず、段階変化のさなかにい

図表2-2 アジア各国のEC化率

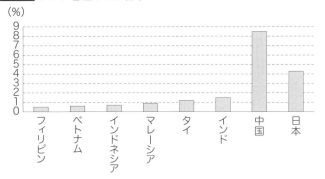

出所：Euromonitor International および経済産業省［2015］をもとに筆者作成。

図表2-3 中国における都市部と農村部の所得

出所：三尾［2010］をもとに筆者作成。

る状況である。この背景には、中国がポストモダンに移行する際に、地理的な要因がボトルネックとなっていたことが考えられる。地方ごとに所得が違う中国においては多様なニーズを満たせる店舗が近くにあるとはかぎらない（図表2-3）。そんな潜在ニーズにアプローチでき

たのが EC であったのだろう。中国でのモダンな消費に満足しない消費者が、差別化されたブランド品をインターネットで目にして購買することで、EC 市場は急激な成長を遂げた。今後の中国を考えると急激な EC 市場成長がポストモダン消費を牽引し、ポストモダン化が今後も続くことが予想される。今後、中国の EC 市場が多様なニーズを満たす流通チャネルとして浸透し、日本とは違う形の、中国流のポストモダンな消費社会が形成されるだろう。

(4) 実利主義を背景として長期的にモダンにとどまる インドネシア

インドネシはどうであろうか。**図表2-1** のとおり、インドネシアはモダン流通比率が 20％ に満たない状況であり、トラディショナルな状態にあるように思われる。しかし、ハイパーマーケットなどモダンなチャネルも規模を増していることも事実である。このように、インドネシアはトラディショナルからモダンな時代への過渡期にある。そのなかでインドネシアの特殊性は、実利という文化的背景によって、モダン化されていないにもかかわらず、強い合理的な消費性向があるということである。**図表2-4** を見ると、日本では企業名や生産国名というブランド性に特徴が出ているのに対して、インドネシアでは、価格と品質と自分の関係性から商品を選んでいることが見てとれる。つまり、差別化されたブランドではなく、価格や実利が重視されている。このように、現在のインドネシアはトラディショナルから、モダンへの移行期にあって、その消費性向はモダン的という特殊な市場である。

今後のインドネシアを考えると、開放経済であり外資企業の参入に支えられて、モダン化が進んでいくことが予想される。そのなかで、ポストモダンの特徴である合理的消費とイスラム教に端を発する実利主義が相まった消費社会が成立するのではなかろうか。インドネシア

40

図表 2-4 消費意識

（濃いアミは 50％以上、単位：％）

	日本	マレーシア	インドネシア	フィリピン	ベトナム	タイ
とにかく安くて経済的なものを買う	45	64	68	76	39	58
多少値段が高くても、品質の良いものを買う	44	48	41	83	54	59
価格が品質に見合っているかどうかをよく検討してから買う	63	61	49	90	34	40
自分のライフスタイルにこだわって商品を選ぶ	35	53	56	76	63	50
周りの人が良いと言っているものを選ぶことが多い	23	32	18	37	53	25
無名なメーカーの商品よりは、有名なメーカーの商品を買う	42	21	7	77	22	18

出所：川津［2012］をもとに筆者作成。

は、イスラム文化を背景として、トラディショナルな時代においても合理的商品を重んじていた。これにより、ポストモダン期にもこの傾向が強まることが考えられる。

2 消費者の成熟段階によって変わる 3つの戦略の有効性

このような「成熟度」という概念を考慮に入れて、日本企業がどんなマーケティング戦略をとるべきかについて考えてみよう。進出先の消費者成熟段階がトラディショナルなのか、モダンなのか、それとも日本と同様ポストモダンなのかによって、有効な戦略が変わると考えられる。

これを説明するために、ここではまず、今までにグローバル市場展開を果たしてきた企業がとってきた3つの戦略を確認する。3つの戦略とは、「統一化戦略」「現地化戦略」そして「ローカルフィット戦略」

第2章
消費社会の成熟段階を探る

を指す。

(1) 現地消費者の考え方を変える「統一化戦略」

　最初に、「統一化戦略」について説明しよう。統一化戦略とは、現地子会社に自国の親会社と同じやり方でビジネスを行わせることである。海外市場進出の際に、企業は選定した投資受入国（＝現地）に海外投資を行い、親会社からの技術・設備・管理職員・ブランドなどを資本と一緒に投入し、海外支社を設立する。これが統一化である。たとえば、Apple社がiPhoneを全世界において同じブランド名で販売するのはブランドの統一化であり、共通の技術を用いてiPhoneを生産するのは技術の統一化である。

　この戦略は、自国で自社製品が売れていることを前提として、現地消費者ニーズと自社製品をマッチさせるために、自社製品を変えるのではなく、現地消費者の考え方を変えて自国消費者と同様のニーズをもたせることを目指すものである。これが成功すれば、自国市場と現地市場が同質化し、自国市場で売れている自社製品が現地市場でも受け入れられるようになるという仕組みである。

(2) 現地産業を育てる「現地化戦略」

　一方、「現地化戦略」とは何であろうか。現地化戦略とは、多国籍企業がグローバル展開のなかで、現地市場を通じてローカルネットワークを利用することである。海外市場進出の際に、企業は現地の資金・原材料・労働力市場などの要素を利用する。たとえば、味の素社が現地人材の登用を行うのは人材の現地化であり、現地市場にあるローカルな商店に製品を卸すのは販売チャネルの現地化である。

　この戦略は、自国で売れている自社製品を現地市場でそのまま提供することを目指すという点では「統一化戦略」と同様である。しかし、それを実現するために、現地人材を採用し、より安く確実に製品を現

地市場に提供しようとしたり、あるいは、彼らをとおして現地市場を知り、自社製品を現地市場で受け入れてもらうための変更を行おうとしたりする点が違っている。

この戦略の特徴として、「現地産業の育成」という側面がある。現地化戦略は、自社にとっても、現地産業に対して貢献しているとアピールすることで現地市場進出の際の現地からの反発を軽減できるというメリットもある。

ここで注意しておきたいのが、現地化戦略は、自社製品を現地市場に合わせて変えることを主眼に置く戦略ではなく、むしろ自社製品が提供する価値は変えることなく現地市場が自社製品を受け入れてくれるようにすることを目指しているということである。そのために、現地に産業を根づかせ現地産業を育てるなかで、必要最低限の変更を行ったり、現地市場からの好イメージを形成したりしているのである。

(3) 統一化と現地化の調和

ここで押さえておくべきポイントとして、統一化戦略も現地化戦略も、受入国の側から見た違いにすぎないということである。進出企業の側から見れば、統一化戦略も現地化戦略も違いはなく、現地進出による利潤獲得という同一次元上で表裏一体に機能するものである。つまり、統一化戦略と現地化戦略はどちらも、自社の製品を優れていると信じる多国籍企業が、現地で自社の製品を提供して現地消費者に新しい価値を提案することを目指すというプロダクト・アウト的な思考のもとで、バランスをとりながら現地進出をするために表裏一体となって機能する戦略である。

先程の統一化戦略と現地化戦略の説明のなかで述べたように、海外市場進出の際に、企業は選定した投資受入国（＝現地）に海外投資を行い、親会社からの技術・設備・管理職員などを資本と一緒に投入し、海外支社を設立する。これは統一化戦略である。しかし、この同じ過

第2章
消費社会の成熟段階を探る

程において、企業は現地の資金・原材料・労働力市場などの要素を利用する。これは現地化である。

　ここからわかるのは、企業が海外市場進出する行為には、基本的には、最初から企業自身の統一化戦略と、現地市場をとおしての現地化戦略の2つの戦略が含まれているということである。この2つの戦略は互いに補完し合い、互いに依存する関係にある。統一化戦略がなくては現地化戦略が実現されず、現地化戦略がなければ統一化戦略も遂行できない。そして、この2つの戦略は互いに連携し合うものである。

　統一化戦略は、企業が現地市場を放棄し、代わりに海外直接投資をとおして自身の拡大を遂げることを意味する。一方、現地化戦略は、企業が進出先の現地市場を離れられず、現地市場のリソースを利用することを通じて、企業を現地市場に適合させることを意味する。現地の側から見たこれら2つの戦略のバランスが悪くなると、現地からの反感を買い、現地との間で不和を起こすことがあるので、企業はこれら2つの戦略の調和を図る必要がある。

（4）先行事例から学んで現地市場に合わせる「ローカルフィット戦略」

　他方、「ローカルフィット戦略」は、前述のような考え方と大きく異なる。ローカルフィット戦略をとる多国籍企業の経営者は、自社の製品が現地製品よりも素晴らしいとは思っていないという点が特徴である。むしろ、現地にある既存のニーズを学び、それに合わせることで自社自身が育っていきたいというマーケット・イン的な意識があるように思える。

　この「統一化戦略＆現地化戦略」対「ローカルフィット戦略」の構図は、アプローチするニーズが既存・新規のどちらであるかを考えることで、整理することができる。つまり、自社の製品を提供して現地消費者に新しい価値を提案しようとしているのが「統一化戦略＆現地

44

化戦略」であるのに対し、先行事例などから学ぶことでわかる現地の既存ニーズに迎合しようとしているのがローカルフィット戦略である。

ローカルフィット戦略に見られるこういった「先行事例などから学ぶ」という姿勢は、早期に多国籍化が始まった欧米の企業にも、それに続いて多国籍化してきた日本企業にもなかったものであり、その後に多国籍化したLGやサムスン、現代といった韓国企業などによく見られるものである。これら韓国企業は、自社製品が欧米製品や日本製品より優れていると思っていなかった。しかも、韓国という国は小さく閉鎖的なため、自国市場内だけでは有効な学ぶべき事例が少ない。ゆえに、海外の現地ニーズをどんどん勉強することで自社が育っていこうと考えたのであろう。ローカルフィット戦略では、先行参入した国内外の企業がすでに進出先の市場で確立しているやり方にうまく追従したり、あるいは現地の社会情勢やインフラ状況に合わせて製品や技術のあり方を大幅に変更したりしているケースがよく見られる。

(5) 新興国市場進出の際に考慮すべき 「消費者成熟段階と戦略の適合度」

これら3つの戦略の有効性が、第1節で述べた消費者成熟段階によってどう変化するのかを検討してみよう。

まず、前提として確認したいのが、以下の3点である。第1に、トラディショナルな時代とポストモダンな時代において、消費者は多様なニーズをもち、その「多様さ」は文化の影響を受けるため地域によって異なったものとなること。第2に、モダンな時代において、消費者は画一的なニーズをもち、その画一的なニーズは西洋化された全世界で似たものであること。つまり、現地特有のニーズが色濃く出てくるのがトラディショナルな時代とポストモダンな時代であり、あまり出てこないのがモダンな時代である。第3に、日本企業がモダンな時代を国内で経験済みであるということ。

第2章
消費社会の成熟段階を探る

この前提を踏まえたうえで、戦略の有効度を考えてみると、トラディショナルな時代とポストモダンな時代において有効度が高いのはローカルフィット戦略であるといえそうだ。

　なぜならば、トラディショナルな時代とポストモダンな時代における現地消費者の多様なニーズは、地域文化の影響を色濃く受けており、日本企業が経験したことのないものだからである。日本企業が日本市場の消費者のニーズを汲みとって作った製品を、そのままプロダクト・アウト的な思考のもとに現地市場で売ったとしても、日本市場の消費者のニーズと現地市場の消費者のニーズが文化的差異によって大きく異なるので、現地市場に受け入れてもらえることはあまりないだろう。このような時代にある現地市場において、「何が売れるか？」という問いに対する答えは簡単にわかるものではなく、マーケット・イン的な思考をもって、リアルな現地市場で何が起こっているか・何が受け入れられているかなどを学ばないといけない。よって、ローカルフィット戦略が有効になってくるのである。

　たとえば、トラディショナルな時代において、現地市場を見ることでBOP（Base of the Economic Pyramid）ビジネスのような性質をもつようにローカルフィットさせたり、ポストモダンな時代において、現地市場を見ることで現地の宗教的習慣に合わせてローカルフィットさせたりすることで、現地消費者に受け入れられる製品を作ることができるだろう。

　一方、モダンな時代において有効度が高いのは統一化戦略と現地化戦略であるということがいえそうだ。

　なぜならば、モダンな時代における現地消費者の画一的なニーズは、全世界であまり変わらない西洋化されたもので、日本企業が過去に経験したことのあるものと非常に近いからである。このような時代にある現地市場において、「何が売れるか？」という問いに対する答えはすでに出ていて簡単で、「西洋化された画一的なもの」である。現在の日

本企業のなかにも、画一的なニーズをもった合理的消費を好む消費者に向けて、西洋化された画一的な製品を提供している企業がある。こういった企業はそのまま製品を売ってもある程度受け入れられるだろう。もし、日本国内の多様なニーズに合わせてブランド価値の高い製品を売っている企業であっても、過去に日本がモダンな時代にあったときに、合理的消費を好む消費者に向けて製品を提供した経験がある場合が多いだろう。こういった企業はその時代のノウハウを活かして製品を変えることも容易にできるだろう。このように、プロダクト・アウト的な思考のもとで製品を現地市場で売ったとしても、現地に受け入れられやすいのがモダンな時代なのである。むしろ、「利益＝売上－コスト」であることを考えれば、現地特有ニーズを調べたり製品を大幅に変更したりするコストが小さい分、ローカルフィットよりも統一化や現地化の方が有効度は高くなる。

　たとえば、モダンな時代において、日本企業が現地の工場で大量生産して日本で売っている合理的な製品を現地市場でもそのまま売ったとしても、現地消費者に受け入れられるだけでなく、規模の経済が働いて1製品当たりコストが小さくなるというメリットまである。

　前述のことをまとめると、**図表2-5**のように整理できる。

　このようなフレームワークのもとで、今度は統一化戦略と現地化戦略の有効度について比較してみよう。

　まず、トラディショナルな時代について考えてみる。この時代には、市場環境が整っておらず、日本企業がポストモダンな時代に位置する自国で行っているようなビジネスを成立させること自体が難しい。そのため、現地化戦略の「現地産業の育成」という側面から受けられる効果は大きいだろう。現地人材の登用をすることで、現地産業のレベルを向上させ、自社がビジネスを行いやすい環境整備がなされる。さらに、現地の産業を破壊することなく、むしろ巻き込む形になるので、現地市場に受け入れられやすくなるというメリットも享受できる。

第2章
消費社会の成熟段階を探る

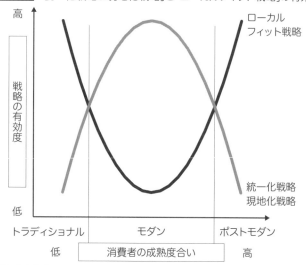

図表2-5 「統一化戦略&現地化戦略」と「ローカルフィット戦略」の有効度

出所：筆者作成。

　次に、モダンな時代について考えてみる。この時代には、消費者が西洋化された画一的なものを追求し、合理的消費を行う。よって、自国市場においてそのような合理的消費者への製品提供を経験済みである日本企業は、その内部に蓄積されたノウハウをそのまま転用することで、現地消費者にも受け入れてもらうことが容易になるので、統一化戦略がより有効に働くと考えられる。

　最後に、ポストモダンな時代について考えてみる。この時代には、消費者が成熟することで、「ブランド」の付加価値が従来よりも高くなることが多い。消費者が多様なブランド価値を追求するようになるなかで、「ブランドの統一化」というものの力がより大きく働くようになるため、この面においては統一化戦略が現地化戦略よりも有効に働くだろう。特に、「Made in Japan」の価値を重視するような新興国においては、有効であると考えられる。

　一方、この時代は多様な現地ニーズが存在する時代であるため、現

地人材の登用によって、現地ニーズを汲みとることができる可能性が上がるという面では、現地化戦略が統一化戦略よりも有効に働く場合がある。ただし、登用する人材が優秀でないとそのようなことは不可能である。また、現地ニーズを汲みとって製品などに大幅な変更を加えたいのであれば、最初からローカルフィット戦略を選択すべきであるため、あくまで統一化戦略と比べた場合のメリットにすぎない。

　今まで見てきた有効度の観点をまとめてみると、**図表2-6**のように整理できる。「◎」が「統一化戦略＆現地化戦略」と「ローカルフィット戦略」を対比してみることでわかるメリットで、「○」が「統一化戦略」と「現地化戦略」を対比してみることでわかるメリットである。

　以上で見てきたように、消費者の成熟段階によって3つの戦略の有効性はそれぞれ変わってくることがわかった。よって、日本企業は、日本とは消費者成熟段階の異なることの多い新興国市場に進出する際には、この「消費者の成熟段階と戦略の適合度」というものを考慮して戦略を策定する必要があるだろう。もっと具体的にいえば、第1節で見てきたように、中国はモダンからポストモダンへの移行期にあり、

図表2-6　3つの戦略の有効度

	トラディショナル	モダン	ポストモダン
統一化戦略		◎低コストで画一的なものが売れる ○画一的なものを売るノウハウを転用	○ブランド統一化によるメリットが大きい
現地化戦略	○現地産業育成によるメリットが大きい	◎低コストで画一的なものが売れる	○現地人材から現地ニーズを吸い上げられる可能性あり
ローカルフィット戦略	◎色濃い現地ニーズに対応		◎色濃い現地ニーズに対応

出所：筆者作成。

第2章
消費社会の成熟段階を探る

インドネシアはトラディショナルからモダンへの移行期にある。つまり、中国の消費者は徐々に画一的なニーズから多様なニーズへとシフトしてブランド消費をするようになってきているのに対し、インドネシアの消費者は徐々に多様なニーズから画一的なニーズへとシフトして合理的な消費をするようになってきている。よって、中国では今後ローカルフィット戦略の有効度が高まってくるのに対し、インドネシアでは今後統一化戦略や現地化戦略の有効度が高まってくると基本的には考えられる。

3 ケースその① 無印良品—世界共通価値の追求と消費者認識のズレ—

（1）ポストモダンが生んだ無印良品

①もともとはプライベートブランドとして誕生した無印良品

　無印良品は1980年、西友のプライベートブランド（以下PB）として誕生した。当時は高度経済成長期が2度のオイルショックによって終焉を迎え、インフレにより物価が高騰していた。その結果、消費者のできるだけ安く買いたいというニーズに対応するため、大手スーパーはナショナルブランド（以下NB）の低品質低価格代替品としてPBを開発していた。一例として、1978年にはダイエーが「ノーブランド商品」というPBを開発している。これらのPBは、低価格という部分でNBに対して差別化していたものの、他社のPBとの差別化ができなかったため、「安かろう、悪かろう」というイメージが強く、1986年からのバブル経済によって景気が良くなると廃れていってしまった。

　一方、無印良品はバブル経済を超えて今もなお残っている。なぜ無印良品だけ生き残ることができたのか。その理由は「わけあって、安

い」というキャッチコピーに現れている。この安さの「わけ」は、素材の選択、工程の点検、そして包装の簡略化の3つにある。これらの「わけ」は商品のパッケージに記載されていた。このキャッチコピーとパッケージの説明から、消費者に「安かろう、悪かろう」ではなく、商品の品質は変わらず安いというイメージを与えられたのだと考えられる。また、キャッチコピーとともに次のようなボディコピーが書かれていた。「ブランド名や包装に頼らず、モノを選びとる。それはたくましい生き方に結び付く、大切な視点だと思います。」ここからわかるように、無印良品は発売当初からブランドを否定した実利本位の商品を消費するというライフスタイルを提案している。このときはまだデザインというものに関しては言及していないが、このライフスタイルは現在の無印良品も共通して提案し続けているテーマだといえる。このテーマが市場で受け入れられたことと、安くてもデザインにはこだわるという経営方針が 2001 年の経営改革以降強化されたことで今も売れ続けているのだろう。

②ポストモダンでこそのライフスタイル

この無印良品のライフスタイルを、成熟度をとおして考えてみる。第 1 節で述べたように、成熟度は流通などの状況から判断でき、**図表 2-7** のように段階を踏んでいる。

この図からもわかるとおり、無印良品は、ショッピングセンター（SC）乱立後の商品がブランドなどにより多様化した 1980 年代、つまりポストモダンの時代に誕生した。モノを消費することにこだわり安ければ良いというモダンの段階を超え、ポストモダンの段階では、さまざまな差別化のもとに商品が多様化し、消費者がそれぞれの価値観で「良いモノ」を選択する。そういった消費社会の成熟のなかで、モノにこだわりつつも、ブランドといった無駄な部分を排除して安くしようというコンセプトをもった無印良品が1つの「良いモノ」とし

第 2 章
消費社会の成熟段階を探る

51

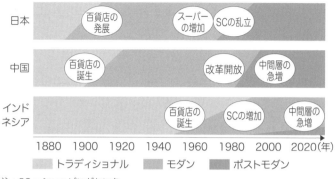

図表2-7 日本・中国・インドネシアの成熟度

注：SC＝ショッピングセンター。
出所：筆者作成。

て消費者に受け入れられたのだ。

　では、この無印良品はモダンの段階には生まれえなかったのだろうか？モダンは産業革命以降の大量生産の時代で、必要最低限の機能がある安い商品を求める消費者が多い。たとえば無印良品が誕生した頃の他社のPB商品であれば、安さにこだわっているためこのモダンの消費行動に合い、おそらく消費者に受け入れられるであろう。だが無印良品は質にこだわっている。質にこだわっているがゆえに、最低限の機能のみをもつ商品に比べて価格が高いことになる。これが無印良品のいう最適な価格ではあるのだが、その無印良品が提供するライフスタイルを理解できないモダンの考え方の人には受け入れられない。モダンの人から見ると、同じ機能なのに高い商品としてみなされるからだ。

　このように考えると、市場が無印良品の提案するライフスタイルという部分に価値を見出すことができる程度に成熟したポストモダンの段階だからこそ、無印商品は生まれ、市場に受け入れられたのだと考えられる。ポストモダンの日本で生まれてポストモダンの消費者に受け入れられた無印良品だが、果たしてこれを海外市場にもっていった

場合、どのように受け入れられるのだろうか。

③統一化戦略をとる MUJI

　では、日本よりも成熟が遅い中国・インドネシアにおいて MUJI の
ライフスタイルは理解されるのだろうか。**図表2-8**からわかるように、
MUJI を含めた生活雑貨販売企業は、中国ではポストモダンの段階で出
店しており、インドネシアではモダンの段階で出店している。この中
国・インドネシアの成熟度と出店時期の妥当性について考えてみよう。

図表2-8 中国・インドネシアへの出店時期

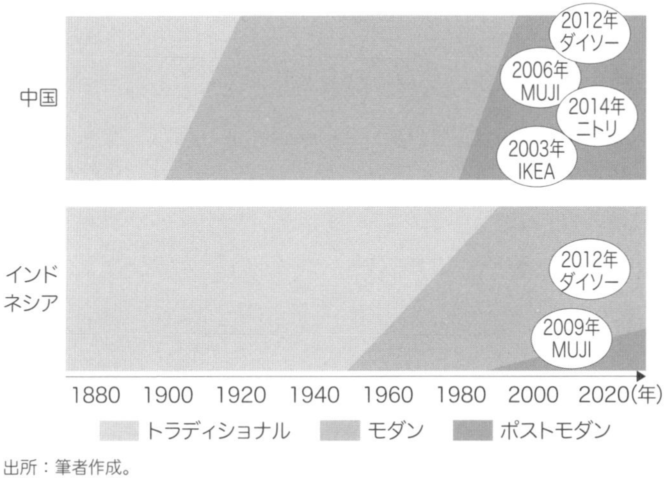

出所：筆者作成。

（2）なぜ中国で MUJI が受け入れられたのか

①中国での躍進

　中国への進出は、実質的な 1 号店は 2007 年上海・正大広場への出
店であった。その後は急速に店舗数を拡大し、2014 年には 100 店舗を
超え日本の店舗数に迫る勢いである。

　日本で 780 円のタンブラーが中国では 83 元（約 1411 円）で売られ

第2章
消費社会の成熟段階を探る

53

ている（2014年3月現在）ように、中国での販売価格は15～30％ほど日本と比べて高く、中国におけるMUJIはもともと日本より低い中国の物価水準を考慮すると中上位層をターゲットとした高価格帯ブランドであるといえる。高価格帯であっても中国で売上が伸びている理由を考えてみよう。

②上位層から伝わる無印良品の理念

　MUJIが中国で急速に受け入れられた理由を良品計画・松崎暁氏はこのように語っている。

　「中国の人たちは、MUJIには思想があることをよく理解している。」

　この発言から、良品計画は、MUJIの理念が中国人に理解されており、現在の顧客は主に富裕層に限定されているものの、中国全体の経済力が上がってくるにつれてその購買層は下方向に広がっていくと考えているようである。実際に日経リサーチ［2015］の結果によると、MUJIの魅力として「店舗から一貫したブランドのコンセプトを感じられる」「その店舗が提案するスタイルを取り入れたい」といったものが挙げられている。

③日本とは違う消費者認識

　前述のようにMUJIの理念が伝わっている中国人もいるが、違う購買理由をもっている消費者も多い。

　その1つが環境に良いからというものである。たしかに無印良品の商品は環境に優しいのだが、日本においてそのことはそれほどプッシュされておらず、消費者もそれほど認識していない。だが、中国においては環境に優しいというキーワードが高い頻度で登場する。たとえば、チャイナネットという中国を紹介するホームページではMUJIのデザインのことを「簡潔で自然な、環境に優しいデザイン」と説明している。山本国際マーケティング研究所［2009］によると、中国で

は近年、大気汚染の悪化などの影響で、消費者の環境に対する意識が高まっているので、このように「環境に優しい」という部分がMUJIの購買理由の1つとなっているという。

もう1つは、香港で売れているからというものである。中国において、香港で売れているモノは良いモノであるという認識が強い。近年まで台湾に旅行することができず、日本にもなかなか行くことのできなかった中国人にとって、香港は1番身近な先進国であり、あこがれの対象であったからだ。

前述の2つの購買理由には大きな意味がある。それは日本やヨーロッパと購買理由が大きく異なることである。日本やヨーロッパではMUJIにお金を払う理由として余計なものがないシンプルさを求めている。だが中国においては、もちろん同じシンプルさを求めて買う人もいるが、環境に良いということや香港で人気といった違う部分に付加価値を求めている人が多い。

この理由の1つとして、中国がモダンからポストモダンに移行したばかりだからということが挙げられる。ポストモダンに入ったばかりなので商品が多様化している過程にあり、MUJIはその多様化した商品の1つとして捉えられたと考えられる。つまり日本では「NBなどのブランドを否定したブランド」として誕生したMUJIだが、中国においては、逆説的ではあるが、1つの「ブランド」として誕生し、市場に浸透しているのである。

もう1つの理由として、中国においては「余計なものがない」ことが日本やヨーロッパのように付加価値になっていない可能性がある。シンプルが良いとは思っていないが、環境に良いから・香港で人気の先進的な商品だから買っている人もいるのではないだろうか。このように考えるのは中国独自の「面子消費」が存在するからである。

第2章
消費社会の成熟段階を探る

④面子消費と MUJI

　第1章で取り上げたように、中国の消費者にとって面子は大きな影響を及ぼす。この面子消費は「目に見えてわかるもの」といわれている。つまり周りの目から見てわかる違いをもつことが面子の維持につながる。この面子消費と MUJI を以下のように考えると相性が悪い。

　MUJI を買ったとしても、袋をとってしまえばロゴもなくどこの商品かわからないため「MUJI というブランド」を誇示できず面子を満たさないことがわかる。「シンプルが良い」という MUJI のコンセプトは面子消費をする中国人には理解されにくいものなのである。それでも MUJI が買われているのは、前述の環境に良いという点や香港で人気のあるという点が付加価値になっているからだと考えられる。

　だが、これから全体的な所得が上昇し、MUJI を日常的に購買可能な層が拡大していくなかで、その多くが MUJI に魅力を感じるようにするためには、面子を満たす商品にしなければならない。もちろん面子を満たすために MUJI のシンプルさをなくしてしまっては元も子もないので、MUJI で面子が満たされたと感じさせる必要がある。つまり、「シンプルなライフスタイルを送っている人が社会的評価を得られる」という環境を作り上げ、「MUJI のシンプルさが良い」と考える成熟した消費者を増やすことが求められるのである。

⑤消費者を成熟させる

　消費者を成熟させるのは容易ではない。日本やヨーロッパのように多様化した商品とともに生活している環境であれば、シンプルで質が良くそれに見合った価格という MUJI のコンセプトは理解されやすい。しかし、中国のような商品も人の価値観も複雑になりきっていないモダンの環境においては、シンプルで高価格というのは商品を出しただけでは理解されない。こういった成熟度の差を埋めることを MUJI のデザイン戦略を長きにわたって牽引してきた日本デザインセンターの

原研哉氏は「欲望のエデュケーション」と表している。この「欲望のエデュケーション」について著書のなかではこのように述べている。

　「マーケティングを行う上で市場は「畑」である。この畑が宝物だと僕は思う。畑の土壌を調べ、生育しやすい品種を改良して植えるのではなく、素晴らしい収穫物を得られる畑になるように「土壌」を肥やしていくことがマーケティングのもう１つの方法であろう。「欲望のエデュケーション」とはそういうことである。」（原［2003］）

　「欲望のエデュケーション」の例として、良品計画は２つの施策で消費者を成熟させようとしている。

　１つ目は売り場による理念の発信である。MUJIはテレビ広告などによる宣伝はあまり行わず、基本的には売り場で宣伝を行う。たとえば中国語の大きな文字で「素材の選択、工程の点検、包装の簡略化」という内容がポスターにして貼ってあったり、商品とともに「無印良品的理由」と書かれた説明書きがあったりする。日本ではこのような説明はしていないが、中国では商品だけでは理解してもらえないのでこのように売り場で消費者にブランドコンセプトを訴えかけている。

　もう１つはイベントである。2010年５月には中国杭州市のショッピングモールで「無印良品展」が開催された。この展覧会ではMUJIのモノづくりへの思いやこだわりを紹介しており、特別記念講演では金井代表取締役社長やプロダクトデザイナーの深澤直人氏らのスピーチも行われた。こういったイベントをとおしてMUJIを理解してもらう活動をしている。

（3）インドネシアの中間層に売れないMUJI

①日本初の高級ブランド

　では、MUJIのインドネシア進出についても考えてみよう。2009年の参入以降６店舗まで店舗数を伸ばしたが、４店舗閉鎖し2015年２月期には２店舗まで縮小してしまった。さらに現在残っているインドネ

シアの店舗に実際に訪れてみると、正直にいって閑散としている印象が強い。このことから、インドネシア参入は今のところ成功していないと思われる。なぜインドネシアでは売れていないのだろうか。

②中国での成功パターンの応用

MUJIはアジア進出において中国の成功パターンを応用して進めていこうとしている。それは、価格帯の設定と売り場での理念説明である。まず価格帯については、多くの商品が日本と同じものであり、それに関税などがかかるため日本よりも高くなっている。たとえば日本では700円で売っているスタンドファイルボックスがインドネシアでは9万1000ルピア（2015年11月のレートで約806円）となっている。前述のとおりこの値段は平均月収2～3万円のインドネシアではかなりの高価格であり、インドネシアにおいても中国と同じように上位層を狙った戦略だといえる。また売り場についても中国と同じように、POP広告（販売促進用の広告媒体）を配置し、MUJIのコンセプトや商品デザインの背景を言葉で伝えている。これによって商品を見ただけでは理解できない消費者にもブランドコンセプトを理解させようとしている。

この2点のほかにも立地や経営方法など中国の成功パターンを踏襲している。良品計画の茂木氏によると、まずジャカルタ中心地に店舗を置き、そこでMUJIを浸透させ1店舗ずつ軌道に乗せていこうというのが現在のインドネシア進出計画だ。

では、中国で成功したノウハウを応用しているにもかかわらず、なぜインドネシアでは成功していないのだろうか。もちろんまだインドネシアに参入して時間が経っていないことや、経済的に中国に追いついていないこともあるだろう。だがそれを考えても、現在MUJIはインドネシアの富裕層にもあまり定着していないことがうかがえる。中国とインドネシアの差は何なのか？

③成熟段階から考える中国との差異

このケースにおいて中国とインドネシアの最大の違いは成熟段階だと考えられる。前述したように、中国はポストモダンに移行した段階であり、インドネシアはまだモダンな段階だ。さらに、インドネシアのモダンは実利の考え方により中国よりも長く続くと予想される。この、インドネシアがモダンであることが、MUJIがインドネシアで成功していない原因だと考えられる。

モダンに属するインドネシア人消費者は、モノが手に入ることを重視して質や付加価値にお金を使わないため、MUJIの提案するライフスタイルには価値を見出しにくい。さらに中国においては面子消費をはじめとした、より上を目指す消費傾向が強く、多少無理してでも高いものを買うなど、上位層に追いつこうという傾向が強かった。だからこそMUJIが消費者を成熟させようとするとそれについていこうとする消費者が多かった。逆にインドネシアは実利を重視する傾向が強く、MUJIが成熟させようとしても中国と同じようには成熟しない。つまりインドネシアでは実利の考え方とモダンの段階の相乗効果で、たとえ富裕層が先に成熟しMUJIを買うようになっても、中間層が続いていかないことが予想される。

このように現在ポストモダンに移行している段階であり、さらにそのスピードも急速である中国と、現在モダンな段階にあり実利重視の文化によりモダンにとどまろうとするインドネシアでは成熟度もその変化スピードも大きくとどまるため、MUJIに対する感じ方も、普及の仕方も違う。だからこそ、中国で行った「高価格のまま参入し富裕層にMUJIのコンセプトを理解してもらい、所得が上がるにつれて中間層にも普及していく」という成功パターンを、成熟度を考えずそのままインドネシアに適用しても通用しなかったのだと考えられる。

第2章
消費社会の成熟段階を探る

④モダンな段階のインドネシアで MUJI を売るには？

　モダンが続くインドネシアでは中国と同じパターンでは売れないということがわかったが、それではどのようにして売れば良いのだろうか。

　1つは、このまま富裕層向けの商品として売っていくという方法がある。このまま価格や販売方法を変えなければ、MUJI が本来ターゲットにしている中間層向けの手ごろな商品ではないものの、富裕層向けのブランドとして定着していくであろう。そして中間層の所得が増えポストモダン化していったときに、その中間層が MUJI に対して憧れをもつようになれば、MUJI が中間層に売れて大きな市場を手に入れることができる。つまり長期的な統一化戦略である。この大きな市場を手に入れるのは所得が現在の中国に近くなる 10 年後よりもさらに先になると予想されるが、現在 MUJI がとっている戦略はこの戦略だと考えられる。現在インドネシアにある店舗でその憧れを作ることができれば有効な戦略であると考えられるが、本章で述べてきた成熟度という考え方を踏まえてもう 1 つの戦略を提案する。それは現地化した統一化である。

　具体的には価格帯をインドネシアに合わせた新ブランドを作るというものである。価格を下げるためにはある程度質を下げざるを得ないが、モダンにおいてはそれでも売れると考えられる。もちろん無印良品であるため、現地の商品ほど安く質を悪くする必要はないが、中間層がぎりぎり手が届く程度にはする必要がある。このような価格も品質も下げたものを作ることによって、MUJI の本来のターゲットの中間層を購買層にすることができる。こうして価格を抑えたうえで、MUJI のシンプルで無駄なもののないライフスタイルを定着させて、消費者を成熟させる。そうすれば所得が上がってきたときに自然とMUJI を求めるようになると考えられる。

　MUJI の新ブランド構築というアイデアはかなり極端な例かもしれ

ないが、インドネシアにおいてはモダンが長く続くという市場特性を
踏まえて、中国とは違った戦略を考える必要があるのは間違いないと
ころであろう。

4 ケースその② 資生堂
―成熟する販売チャネルと消費者―

(1) 中国：中国人に嫌われる中国製製品・富裕層が
離れてゆく百貨店

　次に資生堂の例を見てみよう。このところの資生堂は、中国市場で
苦戦を強いられている。中国における業績悪化には2つの問題がある。
第1に、売り上げ全体の約7割を占めていた「オプレ」（百貨店専用）
や「ウララ」（化粧品専門店専用）など中国製ブランドの低迷である。
日本から輸出されている高級ラインの「SHISEIDO」や「クレ・ド・
ポー・ボーテ」が好調な一方、現地工場で生産される中国製ブランド
は軒並み低迷している。第2に、資生堂最大の販売チャネルである百
貨店の不況である。中国の百貨店業界に不況の嵐が吹き荒れ、閉店が
相次いでいる。

　市場に変化が起き、今までのやり方が通用しなくなった今、資生堂
に課せられた課題は変化への対応にほかならない。

(2) 中国：百貨店市場縮小の裏で起こるEC市場の急速拡大

① 1日で1兆7000億円の売上―中国EC市場の王アリババ―

　百中国のEC市場の特徴は第1にその圧倒的な市場規模と高成長率
だ。中国のEC市場の売上規模は現在、すでにアメリカを抜いて世界
のトップに立っている。2018年の売上高予想は1兆ドル（10113億ド
ル）を突破する見込みで、中国一国の売上高が、全世界総計の40％以

第2章
消費社会の成熟段階を探る

61

上を占めるようになるという予想である。また前述のように中国のEC利用率は高く、小売業売上高のうち2013年は8.3％を占めており、2018年では16.6％になるとの予測がある。

中国のEC市場の成長を牽引してきたのが中国最大の個人消費者向けECサイト「天猫Tmall」を運営するアリババ（阿里巴巴集団）だ。EC市場が発展するためには利便性と信頼性を兼ね備えたオンライン決済システムと、オンラインで注文した品をしっかりと届ける物流の整備が必要不可欠なのだが、この両方を解決したのがアリババである。

決済システムに関しては、クレジットカードではなく楽天オークションの「あんしん決済」やヤフーオークションの「かんたん決済」と類似のオンライン決済システムである「支付宝（アリペイ）」をアリババが普及させた。

さらに、アリババはハイアール（海尔集団）という国内家電最大手メーカーの物流子会社への出資や、アメリカ郵政公社（USPS）などの国外企業との提携により国内外に物流拠点とネットワークを確保し、配達機能の安定化・拡大化を進めている。これらの物流投資によって2014年度にはアリババの物流関連パートナー企業が14社を超え、都市部だけでなく僻地の農村部まで宅配エリアが拡大した。アリババの物流投資によりECの利便性が向上し、EC利用者数が増加したことは間違いなく、今日のEC市場の急速成長に対するアリババの貢献は物流面から見ても大きい。

アリババは11月11日を1が並ぶ「独身の日」と呼び同社の運営するB to C向けECサイト「天猫」やC to C向けECサイト「淘宝網」において毎年大規模なセールを行っている。アリババが運営するECサイトの2014年独身の日の売上高は571億1200万元（約1兆800億円）で、2015年にはそれをさらに上回る1兆7000億円という数字を叩き出している。独身の日は異次元とも思えるような金額が1日で叩き出し大イベントである。

62

②資生堂のチャネル別マーケティング戦略の落とし穴

　図表2-9のように、中国において資生堂はチャネル別ブランドマーケティングを展開している。さらに図表には記載されていないが、化粧品の販売チャネルとして台頭している薬局チャネルにおいて2010年に資生堂（中国）投資有限公司より中国専用ブランド「DQ」（ディーキュー）が販売されている。

　ここで着目すべき点は、製品ブランドによってターゲットだけでなく販売チャネルも決まっていることである。同一の販売チャネルで全ブランド製品を売る方が一見効率的に思えるが、チャネル別ブランドマーケティングの強みは売り場を変えることで製品ごとのブランドイメージを表現しやすいこと、そして、自社製品ブランド同士のカニバ

図表2-9 中国における資生堂の主な販売チャネル

	チャネル	ビジネス概要と取扱商品
プレステージ	高級百貨店	世界規模で販売されているグローバルブランド「SHISEIDO」、「クレ・ド・ポー ボーテ」と、現地生産高級化粧品「シュープリームオプレ」「オプレ」をそれぞれ独立カウンターで展開しています。
化粧品専門店	資生堂化粧品専門店（チェインストア契約店）	資生堂が日本で培ってきたチェインストア店のノウハウを活かし、個人経営の化粧品店、一店一店と契約を結び展開している化粧品専門店。百貨店で扱っていない商品を販売し、2009年9月末までに約4300店で展開しています。「ウララ」「ピュア＆マイルド」「ウーノ」「エリクシールシュペリエル」「メラノリデュース（HAKU）」「TSUBAKI」など。
ミドルマス	百貨店	「Za（ジーエー）」「アクアレーベル」「ピュア＆マイルド」「ウーノ」などをプレステージ化粧品とは別売り場で展開しています。
	量販店・スーパー・CVS	「Za」「ウーノ」「アクエア」「TSUBAKI」など。
	代理商経由量販店・専門店	「Za」「ピュアマイルド」など。

注：下線は現地生産品。
出所：資生堂「中国で薬局向け新ブランド「DQ」（ディーキュー）を発売―デパート、化粧品専門店に次ぐ販売チャネル拡大―」2009年12月17日〈https://www.shiseidogroup.jp/ir/pdf/ir20091217_117.pdf〉。

リズムが生じないことにある。

　しかし、このチャネル別ブランドマーケティングでは小売環境の変化が考慮されておらず、ECが急成長し一大マーケットとなった今、市場と戦略のズレが大きくなってしまった。特にECの影響を致命的なほど被っているのが百貨店チャネルである。「富裕層は百貨店で買い物をする」というイメージをもちがちなわれわれ日本人であるが、中国において富裕層は百貨店よりもECに流れる傾向にある。

　その理由は主に、ECモールの取扱商品幅が現実の百貨店とほぼ同じかそれ以上であること、自宅配送の利便性の高さ、日本の富裕層に比べ中国の富裕層はデジタルサービスに対して抵抗が小さいことである。中国の富裕層は90年代の中国経済の高度成長期に社会人となった20～30代が多く、百貨店の利用経歴も浅くECなどのデジタルサービスに対する受容度が高い。彼らはニューリッチと呼ばれ、25～34歳がその約6割を占め、そのなかの約8割は短大卒以上の高学歴層である。強い購買力とブランド重視の消費性向をもつと同時に「新しい物事を試みたい」「お金があれば生活をエンジョイする」という意識も強く、商品を購入する前に販売店やIT関連のウェブサイト、知人友人の紹介など、さまざまな情報チャネルを駆使して情報を集めている。

　またこれまで百貨店に慣れ親しんできた高齢層に関しても、50～55歳に関してはECの利用率が若年層と変わらず高く、これまで百貨店のターゲットとされてきた層がECを受け入れ活用している。本来であれば品質の高いものを百貨店で買うと思われた中国人富裕層は、実際には百貨店店舗にはそれほど行かず、利便性の高いECモールで買い物をするようになっており、これが冒頭で述べた百貨店の不況につながっている。

（3）中国：中国人消費者が欲しいのは
　　日本ブランドか日本製製品か

①日本製製品を欲しがる中国人

　筆者らが行った調査によれば中国人消費者のうち化粧品の生産国を重視する人が8.4％、ブランド発祥国を重視する人が6.5％である（図表2-10）。このことからある製品が日本ブランドであることと日本製であることが中国人消費者にとって別々の化粧品購買要因であり、かつ、中国人消費者は日本ブランドであることよりもむしろ日本製であることを重視していることがわかった。

図表2-10 中国人消費者が化粧品を買うときに重視するもの

	回答数	比率
価格が安い	61	7.8
価格が高い	31	4.0
品質	171	21.8
性能	129	16.5
ブランド	142	18.1
デザイン	39	5.0
宗教的なルールに合っている	25	3.2
オシャレ	37	4.7
ブランド発祥地	51	6.5
生産国	66	8.4
有名人と同じモデル	29	3.7
その他	2	0.3
無効	0	0

出所：一橋大学グローバル消費者調査（HGC Survey）2016。

②爆買い現象から見る中国人消費者像

　買い物目的の中国人観光客の増加により社会現象化している「爆買い」であるが、彼らがそれほどまでに日本で買い物することにこだわるのはなぜだろうか。中国人が爆買いする根本的な動機は"中国の市

場に対する根強い不信感"である。「中国製品は信頼できない」「中国
の食品を食べ続けていて大丈夫か」。中国人の多くは、そういった不
安を抱えている。その半面として、「日本市場に出回っている製品は
安心・安全だ」という日本信仰がありそれが今日の爆買いにつながっ
ているのだ。

　爆買い中国人観光客のなかには日本で中国製を買う人も少なくない
が、三菱総研の佐野紳也主席研究部長は以下のように説明している。

　　「中国人は同じ『中国製』でも、中国市場と日本市場では商品の品
　質が異なると考えている。『日本で販売されている』という点が重要
　なのです。『メイド・イン・チャイナ』であっても、日本市場で流通
　しているものは、日本企業の厳しい品質管理を経ていると考えられ
　ています。」(PRESIDENT Online「出国者数1億人突破!「爆買い
　中国人」は、いま何を買っているか」2015年10月19日)

③中国人をとらえられない資生堂の現地化製品の問題点

　資生堂は中国市場向け現地化ブランド「オプレ」「ウララ」を販売し
ているが両ブランドとも現地工場で生産され中国市場で流通している。
中国製ブランドは中国市場での売上のうち約7割を占める稼ぎ頭であ
るが「オプレ」「ウララ」ともに売上が低迷しており中国事業低迷の原
因である。では、現地化ブランドの売上が低迷している理由は何であ
ろうか。社長の魚谷雅彦氏の見解(2014年1月15日の同氏社長就任
発表時の会見)では、それは化粧品専門店における営業部員(ビュー
ティーコンサルタント)の離反である。営業部員が売り場を放棄して
いなくなり、それが売上の低迷につながっているという仮説だ。

　しかし、化粧品専門店における営業部員の離反は百貨店チャネルで
販売される「オプレ」には関係なく「ウララ」「オプレ」両方の売上が
下がっている説明にならないではないかという批判が東洋経済の取材
に答えたアナリストから寄せられている。彼は「ウララ」「オプレ」の

減収は現地化ブランドの人気下落であると指摘しており、曰く「決算を見てみると、日本から輸出されている、高級ラインの「SHISEIDO」や「クレ・ド・ポー・ボーテ」が好調な一方で、3つの現地工場で生産される中国製ブランドは軒並み低迷している。高級百貨店チャネルで販売されており化粧品専門店での営業部員の離反に関係のない「オプレ」が減収であることから、中国製ブランド自体の人気が落ちている可能性が高い。」とのことだ。筆者らはその原因を「中国人消費者の成熟」だと考える。前述したとおり、中国人消費者は現在、「日本ブランドの製品」ではなく「日本で流通している製品」を欲しがっている。ECを使いこなすこともなく経済的にも未熟だったかつての中国人消費者は、中国の安全基準に対する不安から、中国市場で出回っているもののなかから比較的安全で高品質なものを選び、日本ブランドを買っていた。しかし、技術的・経済的発展により情報探索の能力も上がり、ECや買い物目的の旅行が可能となった現在の中国人消費者は「世界中の市場からより確実に安全・高品質なもの」を買うようになり、それが爆買いに代表される「日本市場で流通しているもの」を求める消費行動に現れているのだと思われる。中国の安全基準を信用しない中国人消費者にとって、中国の安全基準しか満たしていない資生堂の現地化ブランドはいくら日本ブランドとはいえ安全性や品質面に不安が残る製品であり、それを買うぐらいなら韓国の安全基準も満たしている同価格帯の韓国製製品を買うか、日本へ行って日本で流通している安全なものを割安な価格で爆買いしてこようという発想になるのである。

（4）中国：資生堂中国の起死回生の一手
―ECへの集中投資―

　これらの問題に資生堂が今どう対応しているか見ていこう。資生堂はEC市場の発展を考慮していなかったわけではなく中国事業戦略の

第2章
消費社会の成熟段階を探る

一環として、2011年9月より資生堂自社サイトで化粧品EC事業を始めており、スキンケアブランド「ピュアマイルド」のなかのEC専用ブランド「ピュアマイルドソワ」の販売によってECノウハウの蓄積を進めてきた。顧客と現実世界で接点のもてないeコマースへの参入は、「100%お客さま志向」をモットーとし、対面による「one to oneカウンセリング」を強みにしてきた資生堂にとって大きな挑戦であったため、中国ECを立ち上げた前田大介・資生堂投資有限公司物流企画部部長（2011年時点）は「まずは「ピュアマイルドソワ」のネット販売を通じて、中国でのeコマースのスキームを確立し、ゆくゆくは商品ラインアップを増やしていきながら「ネットのおもてなしNo.1企業」を目指していきたいと思います。」と、その事業目標を掲げていた（Diamond Online［2012］）。

　2015年11月現在の中国EC事業を見ると、開始当初は「ピュアマイルドソワ」のみであった商品ラインナップに、従来では百貨店チャネルでのみ売られていた非中国製のSHISEIDOアルティミューンを代表とするプレステージブランドも加えられており、百貨店からECへ流れている富裕層を逃すまいと努力している姿勢がうかがえる。

　資生堂は投資家向けの決算説明会において中国事業再建に向けた課題を明示しているが、そのなかにも「eコマース拡大」が含まれており、2015年第2四半期の決算説明会において魚谷社長は、今後国境を超えた通信販売である越境ECの導入にも積極的に取り組むと発言している。これから早急かつ適切にECへ対応するため各部門に分散していたeコマース担当者をまとめ40名程度の独立組織を作り上げたことからも資生堂の本気度が見てとれるであろう。

(5) インドネシア：伝統が色濃く残るインドネシア市場

①資生堂インドネシアの誕生

　資生堂は、インドネシアのコングロマリットであるシナルマスグルー

プ傘下の PT SinarMas Tunggal（シナルマス トゥンガル）社と合弁契約を締結し「PT Shiseido Cosmetics Indonesia（資生堂コスメティクス インドネシア）」を設立した。

2014年7月より新会社による営業を開始しており、プレステージ領域に対しては世界共通で展開するグローバルブランド「SHISEIDO」、最高級ブランド「クレ・ド・ポー・ボーテ」による市場育成、ボリュームゾーンであり継続して大きな伸長が期待できる＊マステージ領域に対してはグローバルブランド「Za」の投入による売上拡大、プロフェッショナル領域（業務用）に対してはインドネシアのトップサロンに「Shiseido Professional」「Joico」といったマルチブランドを供給しサロンとのパートナーシップの強化に努めている。

＊ マステージとは、「マス」と「プレステージ」をもとにした造語で「通常のマス商品よりも高級感はあるが、プレステージ商品に比べると値ごろ感がある商品領域」という意味。マイケル・J. シルバースタイン , ニール・フィスクが提唱している。

②インドネシア化粧品市場

図表2-11によるとインドネシアの化粧品市場規模は2012年の段階で35.5億ドル、年平均成長率が13.2％である。また資生堂も2014年まででインドネシア化粧品市場成長率は年10％を超える伸長を見せていると報告しており、成長著しい市場といえるだろう。

第2章
消費社会の成熟段階を探る

図表2-11 ASEAN 諸国の化粧品市場の成長

(単位：10億ドル)

国	2007	2008	2009	2010	2011	2012	伸び率 (07→12)	CAGR (07→12)
タイ	2.80	3.14	3.29	3.82	4.25	4.49	60.4%	9.9%
インドネシア	1.91	2.11	2.20	2.81	3.31	3.55	86.0%	13.2%
フィリピン	2.34	2.56	2.41	2.72	2.96	3.15	34.6%	6.1%
マレーシア	1.21	1.34	1.34	1.56	1.74	1.82	49.6%	8.4%
シンガポール	0.71	0.80	0.82	0.92	1.06	1.11	56.0%	9.3%
ベトナム	0.49	0.56	0.62	0.67	0.74	0.85	71.9%	11.4%
ミャンマー (モデル値)	0.05	0.05	0.06	0.06	0.06	0.07	35.3%	6.2%
カンボジア (モデル値)	0.03	0.04	0.04	0.05	0.06	0.06	78.2%	12.2%
ラオス (モデル値)	0.02	0.02	0.02	0.02	0.03	0.03	79.1%	12.4%
ASEAN 9ヵ国合計	9.57	10.61	10.79	12.63	14.21	15.12	58.1%	9.6%
＜参考値＞								
日本	33.62	38.08	41.20	43.63	46.76	47.45	41.1%	7.1%
中国	15.61	19.19	21.37	23.88	27.70	30.01	92.2%	14.0%
インド	5.43	5.95	6.07	7.30	8.48	9.18	69.0%	11.1%
韓国	7.44	6.72	6.21	7.35	8.49	8.83	18.8%	3.5%
台湾	2.92	3.08	3.01	3.25	3.67	3.74	28.0%	5.1%

注1：Beauty and Personal Care には、ベビー・子供用品、バス用品、デオドラント、香水、ヘアケア、ひげそり、口腔ケア、脱毛用品、日焼け止め、スキンケア、化粧品（カラー化粧品）が含まれる。
注2：ミャンマー、カンボジア、ラオスの数値は Euromonitor が経済規模の近い国を参考に算出したモデル値。
注3：日本、中国、インド、韓国、台湾の 2012 年の数値は 2011 年時点の予測値。
出所：圓［2014］。

③インドネシアの化粧品小売環境

インドネシアの化粧品流通の特徴として着目すべき点は2点ある。1つはインドネシア化粧品市場全体に占める非店舗型販売と業務用販売の比率が非常に小さいこと（合計で7.2%：2012年）。もう1つはインドネシアの店舗型小売をより細分化してみた場合に伝統的小売が

図表2-12 販売チャネル別売上構成比【店舗型＝100】（2012年）

（単位：100万ドル、Retail Value RSP%）

	タイ	インドネシア	フィリピン	マレーシア	ベトナム
市場規模	4,488	3,554	3,150	1,816	848
近代的小売比率	53.1	42.2	25.0	70.7	4.1
店舗型小売（合計）	100	100	100	100	100
食品小売	51	69	63	47	65
近代的小売	44	38	28	27	26
コンビニエンスストア	6	8	1	0	2
ハイパーマーケット	21	16	3	9	7
スーパーマーケット	17	14	24	17	17
その他	―	―	0.0	0.1	―
伝統的小売	7	31	34	19	39
独立小型店舗	6	23	6	19	38
その他	1	8	28	0	1
非食品小売	49	31	37	53	35
健康・美容小売	33	20	21	31	25
美容専門店	15	12	3	12	18
薬局	4	5	5	8	5
ドラッグストア	14	2	13	11	2
その他	―	0	0	0	0
複合店（デパート）	14	9	15	22	7
その他非食品小売	1	2	1	0	3
屋外マーケット	1	2	0	―	―

注：近代的小売比率は2011年時点のデータ。
出所：圓［2014］。

31％、屋外マーケットが2％となっており、このような日本にない販売チャネルが店舗型小売売上高全体の約3割を占めていることである（図表2-12）。

④今後成長するプロフェッショナル領域とEC市場を攻める

　資生堂インドネシアにとってプロフェッショナル領域は軸となる事業の1つである。資生堂製品を使ってくれるパートナーサロンを増やすだけでなく、可処分所得の増えてきたインドネシアの消費者を、ど

うやって比較的高価なサロンに導くかが今後の課題だ。また、ASEAN全体でも EC 市場の成長が始まっていることを受けて資生堂もインドネシア EC 市場に着目している。2015 年 9 月に筆者らが資生堂インドネシアへ取材に訪れた際、徳山あやこ社長はインドネシア EC 市場について参入に積極的な姿勢を見せていた。

徳山氏によると、インドネシア人は現金主義で電子通貨を信用しない傾向にあり、その結果、銀行口座の保有率が低く約 20％となっている。一方、スマートフォンの保有率が約 70％と高い。通信販売を活用するためのデバイスをもってはいるが、決済手段を保有していないことがインドネシア EC 市場発展の課題である。さらに、多くの島で構成されるインドネシアでは物流インフラも未整備であることも大きな課題である。オンライン決済手段と物流の両面で課題を抱えるインドネシアで、どう EC 市場獲得の土台作るか思案しているのが資生堂インドネシアの現状である。

⑤インドネシア資生堂の現地化戦略事例

まずは、製品戦略について見てみる。現在、資生堂インドネシアは百貨店チャネルで販売されるプレステージブランド「Shiseido」のスキンケアラインである「IBUKI」とドラッグストアなどの量販店で販売されるマステージブランド「Za」に特に力を入れている。これは、これまでのインドネシアにおける資生堂ユーザーの多くが 30 歳以上であり資生堂ユーザーの年齢幅を拡張するためには若者向けの製品ラインを押し出していく必要があること、そしてインドネシアではスキンケア用品がよく売れることに起因する。

インドネシアの女性たちは高校時代からスキンケアを始め、高校卒業後にメイクを始めるのが一般的であり、化粧品を使い始めた若い世代をどう取り込むかがシェア獲得の鍵となることは間違いない。また、スキンケア用品が売れる理由はイスラム教の慣習に起因する部分が大

きい。若い世代がスキンケアを始めるきっかけとなるのが、1日5回決まった時刻にメッカに向かって祈りをささげるイスラム教の礼拝である。洗顔により身を清めてから祈りをささげることがインドネシア人ムスリム女性たちの間で一般化しており、この洗顔がスキンケアを始める大きなきっかけとなっている。このようにムスリムが顧客となる ASEAN 市場ではハラル認証が有効であり資生堂は 2012 年「Za」に関してマレーシアイスラム開発局からハラル認証を受けた。

次に、PR 戦略について見てみる。資生堂インドネシアは、TV や新聞広告ではなくウェブでの PR に特化している。インドネシアは車社会であるが交通インフラの整備が不十分なため頻繁に渋滞が起こっており、特に朝と夜の渋滞がひどい。その渋滞に引っかかったドライバーが暇つぶしに携帯で SNS やブログを見るので、資生堂はそこに焦点を当てた PR を実行しているというわけだ。「IBUKI」に関しては特別な PR 戦略を実施しており一般の公募者のなかから「IBUKI girls」を選抜し、彼女たちが IBUKI を使った感想や様子を Facebook などの SNS や WEB サイトをとおして世に出していくという企画を実施した。また、「Shiseido White Lucent 100 Brightest Stars」と呼ばれる類似の企画を Shiseido ブランドの「ホワイトルーセント」が発売される際にも行っており、インドネシア人含む世界中から選ばれた 100 人のブロガーがホワイトルーセントの最初の使用者となってその使用感を個人のブログで配信した。

また、Arisan と呼ばれるインドネシア地域特有の大規模井戸端会議を PR 戦略に活用できないか模索するなど、現地文化に合わせた戦略も考えている。

(6) インドネシア：中国と比較する今後の対インドネシア戦略

①成熟する販売チャネル—インドネシアでも拡大する EC 市場—

近年、インドネシアの EC 市場成長率は毎年 10％を超えており中国

同様拡大していくと見られる。現時点ではオンライン決済手段、物流インフラ両面で問題を抱えるインドネシアであるがこれはアリババが両インフラを整える前の中国市場のようなものであり、インドネシアにおいて誰かがインフラを整備すれば、その成長は一層スピード感を増して成長していくはずだ。特にインドネシア人は「実利主義」でありECの利便性に飛びつく可能性が高い。資生堂自身がECインフラを整備するノウハウがない以上、アリババのような誰かがECインフラを整えオンラインショッピングモールを開設するのを待つしかないが、その誰かが現れたときにどれだけ早くパートナーシップを結べるかが今後インドネシアでEC市場を獲得するうえで重要な点である。

②成熟しない消費者

野村総合研究所によるインドネシアの消費意識に関する調査報告によれば、「安くて経済的なものを買う」という質問に対して調査対象全体の81.2%がイエス、「品質が価格と見合っているか」という質問に対しても91.7%がイエスと高い数字が出ており、加えて、「現地製品と比較して2、3割以上高い値段を払っても外国ブランドを買うか」という質問では商品カテゴリ問わずイエスの回答割合が低くなっている。

したがって、安くて経済的なものを重視する傾向にあり、かつ、外国ブランドへのプレミアムへの支払い意欲は低いことがインドネシア人消費者の特徴である。いわゆるコストパフォーマンスを強く意識するのがインドネシア人消費者なのだ。

筆者らもインドネシアを実利主義と表現しているが、インドネシア人はモダン型の消費をする文化的な土台があり、ポストモダン化にはかなりの時間がかかると予想される。化粧品が一般的に製品の機能的側面ではなくブランドやイメージなどの記号性に基づいて価値決定され購買される商材である一方、インドネシア人がそういった記号性に対するプレミアムを払いたがらない文化をもっているので、インドネ

シア化粧品市場は攻略が難しい市場といえる。インドネシアにおいてはブランドイメージの向上より製品ごとの機能差異を客観的に数値などで明示する、あるいは口コミなどによって製品の品質の良さを保証するといった機能面のアピールを戦略の軸とする必要があるだろう。

③インドネシア版「ウララ」「オプレ」は出すべきか

インドネシアは人種的多様性のある国であるため「インドネシア人」の肌質に合う化粧品が作れないという問題がある。中国市場における「ウララ」「オプレ」は資生堂が中国人の肌質を研究して生まれた中国特化型の現地化製品である。中国人、すなわち人口の大半を占める漢民族の肌質に合わせて作られているため製品の機能的な面では中国人全般に適したものになっているが、同様のことをインドネシアでやろうとした場合、ジャワ人や華人系など多種多様な人種の混在する「インドネシア人」には各々肌質の違いがあるため「インドネシア人全般の肌」に最適化した製品作りは困難度が高い。また、「何を美とするか」の価値観が民族や居住地域ごとに微妙に異なっているという困難さもある。すなわち、人種的多様性があるインドネシアにおいては、消費者のセグメントが細分化されているため「ウララ」「オプレ」のような現地化製品を新たに作ることは有効ではないと思われる。

以上により、化粧品成分としては、現地化戦略をとるよりも、グローバルブランド「Za」などを販売する統一化戦略が現状のマス向けには最適である、というのが筆者らの考えである。

また、モダン期に属するインドネシアにおいて伝統的小売が近代的小売とまだ共存しており、インドネシア化粧品売上全体の少なくとも3割程度が伝統小売から生じている。その割合を考慮すればチャネル別マーケティングの考えに基づき伝統小売チャネル向けの製品を投入することも選択肢として考えられる。既存の成功事例を模倣するローカルフィット戦略により低コスト・低リスクでこの伝統小売チャネル

第2章
消費社会の成熟段階を探る

75

向け製品を作ることも選択肢として考えられるはずだ。

5 ケースその③ ユニクロ ─ローカルフィットするグローバルブランド─

次に、日本随一のアパレルブランドであるユニクロの海外展開事例を紹介したい。

ユニクロや ZARA、H&M など多くのアパレルブランドが採用している、企画から販売までのビジネスモデルを SPA という。ここでは、まず SPA がどのようなものであるかに簡単に触れ、ユニクロが実際にそのモデルを使ってどのような戦略を打ち出しているかを見ていきたい。

(1) SPA の強みを活かした統一化・現地化

① SPA の特徴

SPA(specialty store retailer of private label apparel)とは、製品の企画や製造、小売に至るまでのサプライチェーンを垂直的に統合したビジネスモデルのことである。つまり、製品を製造し、販売するために必要な工程をすべて一社で管理するシステムを指す。

SPA というビジネスモデルを採用することで、小売店舗での販売情報を迅速に生産に反映できるという利点がある。従来の百貨店などに見られる製造と販売が分断された業態の場合、店頭での売上データを分析する母体と生産を管理している母体が別であるため、分析した情報を、産量の調整に活かすまでには時間と手間がかかる。しかしこの両者を同じ母体が担うことによって、リアルタイムの情報に応じた臨機応変な生産管理が可能となり、在庫率の削減につながるのだ。

また、小売店舗で得た網羅的な情報を、生産だけでなく即時的に販売戦略に活かせるという点も大きな利点である。さらに、自社で一括

してデザインから価格設定まで管理できるため、「小売に採用されるための製品づくり」ではなく、自社のブランドコンセプトにあった独自の製品を作れることも利点であろう。加えて、従来のサプライチェーンマネジメントでは工程間に存在していた中間流通を、SPAであれば自社で負担するため、コストカットが可能となる。

メリットが多数ある一方で、SPAには当然デメリットも存在する。膨大なPOS情報が販売戦略策定や在庫率削減につながるのは前述のとおりであるが、その反面、サプライチェーンのすべてを自社でもっているがゆえに、そのすべてのフェーズでのリスクを背負う必要があるのだ。また、当然のことながら生産から販売までの幅広いノウハウと大がかりな設備が必要となるため、かなりの投資が必要となることも事実である。広範囲にわたるシステム全体がうまく機能して初めてSPAは効力を発揮するといえる。

② SPAと統一化戦略の親和性

統一化戦略とは、要するに世界中で同じ商品を、同じ価格で、同じように売る戦略である。この点を鑑みれば、統一化戦略はSPAというモデルにとてもフィットしているといえる。

前述のとおりSPAはサプライチェーンの統合により合理化されたビジネスモデルである。世界的に同じ商品を供給するのであれば、少ない生産ラインで同じ商品を大量に生産すれば良いため、より規模の経済性が働き、コストカットにつながる。さらに、ブランドマネジメントという観点においても、SPAは統一化戦略をとるに適している。サプライチェーンをすべて自社でもつことで、商品の企画や販売方法、プロモーションなどをトータルで監修できるため、より一貫したブランドメッセージを伝えることが可能になる。これらのことから、統一化戦略はSPAのメリットをより引き出す戦略であるといえる。ユニクロだけでなく、ZARAやH＆Mなどといった多くのアパレルブラ

第2章
消費社会の成熟段階を探る

77

ンドがそうしているように、SPA を採用する企業にとって統一化を選択することは自然な流れである。

③中国におけるユニクロの戦略

中国でのユニクロも、まさに統一化による経営を行っている。しかし、進出した当初からそうであったわけではない。

ユニクロが中国に初めて進出したのは 2002 年、上海であった。現地に子会社を立ち上げ、日本の大学に留学後、日本のユニクロに入社し勤務していた中国人が CEO に抜擢された。その CEO がとった方針は、柳井正氏の著書にて次のように述べられている。

「彼は、中国事業は日本のユニクロ事業とは別個のものというふうに考えていた。つまり、日本のユニクロを中国で広めるのではなく、中国で新しいユニクロを作ろうとした。具体的には、中国での所得階層を気にするあまり、商品価格を日本のものよりもダウンさせたのだ。日本向け商品より若干、品質が劣る素材でもやむを得ないと考えた。」(柳井 [2009])

おそらく彼は、「あらゆる人」が買うことのできる価格設定を行いたかったのであろう。しかし、その点にこだわった結果、ユニクロの最も大切にすべき価値である高品質を維持することができなかった。結果、ユニクロは統一化されたブランドではなくなってしまったのだ。

2005 年、香港に進出した際に社長に就任したのも日本のユニクロでの経験をもつ中国人であったが、彼のやり方は違った。「商品もタグも全部、日本と同じにして、値札だけ張り替えた」のだ。「日本の文化を直接ぶつけるつもりで」日本のユニクロのまま進出を果たしたのである (柳井 [2009])。その際に低価格と高品質を天秤にかけ、高品質こそが維持すべき価値であると判断したという。結局この戦略は大成功を収め、間もなく中国全土でこの戦略が採用されることとなった。こうしてユニクロは中国でも統一されたブランドとなったのだ。

ユニクロが中国で成功した外部環境要因は、大きく2つあると考えられる。1つ目は柳井氏も著書のなかで触れている、中国経済の発展である。中国では2005年頃から急速にGDPが成長し、短期間で中間層人口が増加し、所得も増大した。その追い風を受け、2002年の進出時には、「あらゆる人」には受け入れられないと考えられていた価格設定を、購買可能とする人口が増えたのだ。2つ目は、当時の中国市場がモダン化段階にさしかかった時期であったことだ。多くの外資企業が参入し大量生産品の供給が始まり、加えて所得が増加してそれらの購買が経済的に可能になったことで、人々は一挙に合理化された製品を求めるようになった。ユニクロの商品は、当時中国に流通していたほかの衣料品に比べはるかに品質が高く、コストパフォーマンスが優れていた。その「性価比」（中国人が消費行動において重視する、品質と価格のバランスのこと）の高さを理解できる人々にとって、まさに求められていた合理的な製品であったのだ。経済と消費者の成熟度に合致したタイミングと戦略こそが、中国での成功につながる主要因となった。

(2) なぜSPAはローカルフィット戦略をとらないのか

　2015年7月、ユニクロはインドネシアを含む東南アジア4ヵ国において、とあるコレクションを発売した。Hana Tajimaというデザイナーとコラボレーションした、イスラム教徒の女性向けファッションのコレクションである（写真1）。コレクションの内容は後述するが、このようにSPAアパレルが特定の地域

写真-1 HANA TAJIMA FOR UNIQLOの宣材

出所：ユニクロインドネシア「HANA TAJIMA FOR UNIQLO」〈http://www.uniqlo.com//id/hana-tajima/〉。

第2章
消費社会の成熟段階を探る

や文化圏に限定した商品を展開することは、実は極めて珍しい事例である。ここでは、なぜこれまで SPA はこのようなローカルフィットをしてこなかったのかを再検証し、そのうえで今回のユニクロの施策の特殊性に焦点を当てたい。

① SPA とローカルフィット戦略の難しさ

先述したように、SPA モデルは全世界的に等しいブランド展開をする統一化戦略との親和性が高い。実際にほとんどの SPA アパレルは統一化戦略をとっている。では、ローカルフィット戦略との親和性はどうだろうか。

ローカルフィット戦略とは、進出先の市場や商習慣に合わせた商品展開を行う戦略のことをいう。要するに相手の市場に出回っているのと同じような商品を売る戦略のことである。市場に関係なく統一された商品を売る統一化戦略とは対照的な戦略であるといえる。

この特徴を踏まえて SPA がローカルフィット戦略をとることを考えると、いくつかのデメリットが見えてくる。まず考えられるのが、コストの増加である。SPA とは本来、サプライチェーンを統合することで合理化を図り、コストカットを実現するモデルである。しかし、ローカルフィット戦略をとることは製品の幅を増やすことと同義であり、増えた製品のための生産ラインや個々に対応した流通が必要となる。その結果、統一化と比較すると規模の経済性が働きづらくなり、コストの増大につながる。

また、ブランドマネジメントの観点からもローカルフィットは扱いづらい戦略である。ブランドにはしばしば「イメージ」がつきまとう。同一ブランド内で地域によって商品やその価格帯が違うとなると、企業側にとってそのブランドコンセプトを維持することが難しくなるだけでなく、消費者のもつ「イメージ」を混乱させることになりかねないのだ。さらに大きな問題となるのが、価格競争である。ローカル

フィット戦略を採用する場合、商品は広く市場に出回っているもの、つまり競合の商品と同程度の価格設定にすることが必要となる。新興国におけるアパレルの場合、市場は未だ地場の企業が席巻していることが多く、SPAブランドにとってはそれらが競合となる。しかし、それらの地場の商品は得てして低価格である。よって極めて低価格帯での価格競争に陥ってしまうのだ。前述のとおり、ローカルフィット商品を生産するには比較的コストがかかる。コストをかけて低価格で売っていたのでは収益性が低くなってしまう。これらの理由から、これまでSPAはローカルフィットとあまりに相性の悪い戦略と捉えられてきた。

②これまでのSPAアパレルブランド

前項でSPAが統一化を好む、あるいはローカルフィットをしない理由の1つとして、ブランドマネジメントを取り上げた。この点について少し詳しく論じよう。

ローカルフィット戦略とは進出先の市場や商習慣に合わせたマーケティングであることは先にも述べたが、その進出先の市場や商習慣は、各々の地域が過去から形成してきた文化を色濃く反映しているものである。一方で、SPA自身もまた、各々の文化をもっている。たとえば、アメリカのジーンズブランドであるリーバイスは、サンフランシスコに誕生し、ワークウェアであったデニムをファッションに転換させ、以降ずっとカリフォルニアのライフスタイルをブランドのテーマとしてきた（リーバイストラウスジャパンホームページ）。また、イタリアで生まれたベネトンは、グローバルブランドとしてLGBTなどの多様性を受け入れ、どのような職業にあっても女性は等しく扱われるべきだ、というメッセージを打ち出している（UNITED COLORS OF BENETTONホームページ）。

このように企業自体が特定の地域文化と強く結びついている、ある

第2章
消費社会の成熟段階を探る

いは文化に関して何らかの強いステートメントをもっている場合、ローカルフィットはより困難になる。「進出先の文化に合わせること」と「自らの文化を発信すること」が相容れない関係になってしまいがちだからだ。特に西洋文化を基盤とし、性差をなくす方向に動いている欧米のSPAアパレルにとって、自らの文化の発信というスタンスを保ったままでは、男女のライフスタイルの違いが顕著に現れているアジアや中東の文化を、自社商品に取り入れることはできないだろう。これまでのSPAアパレルはブランドストーリーを守り続けた結果、海外進出の際も自らの文化の輸出に終始し、ローカルフィットを敢行できなかったのだ。

③インドネシアにおけるユニクロの動き

デメリットの大きさから、これまでほとんどローカルフィットに挑んでこなかったSPAであるが、先だってそこに一石を投じたブランドがある。それがユニクロだ。前述したように、ユニクロは東南アジア4ヵ国でローカルフィット製品を発売した。HANA TAJIMA FOR UNIQLOというデザイナーコラボコレクションであり、その広告写真では頭にスカーフを巻いた女性がひときわ目をひいている（**写真1**）。なぜこのような行動に出たのであろうか。

Hana Tajimaとは日本人の母とイギリス人の父をもち、イギリスで生まれ育った若手のデザイナーであり、彼女自身もムスリマ（女性イスラム教徒）である。コレクションの内容は、ヒジャブはもちろんのこと、シルエットのゆったりとしたブラウスやワンピース、ロングスカートなど、ムスリマたちが日常的に身につけるアイテムを幅広く揃えている。そのデザイン性もさることながら素材がソフトで丈夫であることを全面的にアピールしていることも印象的だ。日本でもおなじみの速乾性に優れた素材であるAIRismを使ったヒジャブや、軽くて柔らかい素材を使ったドレスなどを製品に取り入れたうえで、それら

82

を含めたいくつかの素材の名称と特長を、当コレクションのウェブサイトのトップページで説明している。「快適に」「日常的に」着られるというのがこのコレクションのコンセプトとなっているのだ。

　このコレクションについて特筆すべき点が2点ある。第1に、プロモーションについてである。コレクションのトップイメージには**写真1**が使われている。右側の女性が Hana Tajima 本人であり、中央の女性は YUNA というマレーシア人歌手である。ムスリマであり若者に人気のある彼女たちを広告に起用し、ムスリマたちにアピールしようとする意図が見てとれる。しかし、製品単位での広告写真を見てみると、欧米人と思われる女性が髪や首元を隠さずに着用しているものが多くある。これは「決してムスリムだけに向けられたコレクションではない」ということを示すためではないかと筆者は分析する。前述したように、ユニクロのコンセプトは MADE FOR ALL であり、セグメントに関係なくあらゆる人が着られる服を作ると謳っている。そんななかである特定の宗教に属する人にのみ向けたコレクションを作ったと認識されれば、ブランドコンセプトとの間に矛盾が生じることになる。前項で触れた「自らの文化の発信」と「相手の文化の受容」の対立である。そのような事態を避け、あくまでブランドとしての統一性を保ちながら、一部製品のみのローカルフィットを心がけた結果、この広告写真に行きついたのであろう。

　第2に触れたいのが、価格帯である。当コレクションの価格帯はトップスが Rp.199000 ～ Rp.399000、ワンピースが Rp.249000 ～ Rp.349000、ヒジャブが Rp.149000 となっている。詳しくは後述するが、一般的な地場企業によるヒジャブは Rp.20000 程度のものから存在するため、比較するとかなり高価なのがわかる。ここから読みとれるのは、このコレクションが富裕層をターゲットにしたものになっているということであろう。そもそもユニクロ全体において商品の価格帯はネルシャツが Rp.349000、パンツが Rp.199000 ～ 599000 と日本

第2章
消費社会の成熟段階を探る

83

のものと大差ない設定となっている。日本と比較して平均所得に約10倍の開きがあるインドネシアの人々にしてみればかなり高級であろう。中間層が気軽に買い物に来られる値段ではないはずだ。そのため、統一化ブランドとしては必然的にこのコレクションも同程度の価格設定となり、結果的に富裕層にターゲットが絞られたのであろう。インドネシアの市場は現状モダン期にあることは先述したとおりだが、富裕層のなかには成熟したポストモダン的消費者も出現している。そのような消費者に狙いを定め、前述のように素材などについて詳しい説明を行い「これが品質の良いものだ」と教育することで、数ある選択肢のなかからユニクロのヒジャブを、ひいてはユニクロのほかのアイテムを選択してもらう意図があるのではないか。

　要するにユニクロはインドネシアにおいて、海外進出の際に同社の基本的なスタンスである統一化戦略は維持したまま、一部商品のみをブランドの統一性に差し支えない範囲で高所得者層市場にローカルフィットさせ始めた、というのが今回のコレクションから見られる動きである。今後この両者のバランスをどのようにとっていくのかに着目していきたい。

(3) 手つかずのムスリムファッション需要に潜む巨大市場

　SPAであるユニクロにとって本来ローカルフィット戦略は合理的ではないはずである。実際、統一化戦略を採用するほかのアパレルブランドのほとんども、特定の異文化に固有の衣服を製品化することを避けてきた。それにもかかわらず、なぜユニクロはローカルフィットを選んだのか。その意味を理解するために、既存の外資アパレルブランドが、これまで扱うことのなかったインドネシアのイスラム教ファッション市場の規模について分析したい。

①知られざるムスリムファッションの現状

　近年インドネシアにおいて、ムスリムのファッションが変容を遂げている。特にその様子が顕著に現れているのが、女性がまとうスカーフ「ヒジャブ」である。ヒジャブとはそもそも「女性特有の美しい部分は隠すべきである」という宗教的戒律を守る目的で、髪から首、あるいは胸までを覆うためのものであった。そのためデザインは派手でないものが多かった。しかし昨今は、ビビッドな色や派手な柄があしらわれたものが多く出現し、若いムスリマたちの間で人気を博している（写真2）。インドネシアでのイスラム教はほかのイスラム圏のそれに比べて戒律が緩く、服装の自由度も比較的高い。そのような文化を背景に、若者に人気の歌手が色とりどりのヒジャブをつけてテレビに出演したことなどから、「ファッショナブルなヒジャブ」は広く普及していったと見られる。現在ではムスリムファッションを手がける現地のデザイナーも多数現れ、ヒジャブのファッション化をますます進行させている。多くの若者のヒジャブへの認識は「ただ戒律を守るためのもの」から「まとうことでよりファッションを楽しめるもの」へと変化しているのだ。

写真-2　多様なヒジャブが並ぶ売り場

出所：筆者撮影。

　この現象が市場に与える影響はどれほどのものなのだろうか。筆者らがジャカルタにて70人の消費者に対して独自に行った調査によると、ムスリマ1人は平均して34枚のヒジャブを所持しており、

第2章
消費社会の成熟段階を探る

年間で 11 枚を新しく購入しているという。1 枚のヒジャブに費やす金額は平均して Rp.68100 であった。この結果から概算すると、インドネシア全土の人口の約 10 分の 1 を有するジャカルタ都市圏だけでも、ヒジャブの市場規模は約 800 億円にのぼることになり、インドネシア全体となるとさらに大きな市場が見込まれる。インドネシア全体のファッション市場規模が 9800 億円（日経オープンデータ情報ポータル［2013]）であることから考えてもかなり大きな市場だ。同様の現象がほかのイスラム圏でも起こっていることを鑑みれば、ムスリムファッションの市場全体は 16 億人の人口を有した巨大なものになるといえる。

　これまで外資企業が参入しなかったムスリムファッション市場は日本人の想像を上回るレベルの規模をもっていることがうかがえた。そして現在これらの市場を担っているのは地場の企業なのだ。今後の拡大が見込まれていることからも、これからは避けては通れない市場となっていくであろう。

②ユニクロインドネシアの挑戦の意味

　これまで記してきたことから、ユニクロがインドネシアで発売したムスリマ向けのコレクションがいかなる意義をもっていたのかが浮き彫りになってきた。

　本来 SPA と親和性が低いはずのローカルフィットを、ユニクロはなぜあえて行ったのか。その理由の 1 つはブランドコンセプトのなかにある。ユニクロが MADE FOR ALL と並んで大切にしている価値観である Life Wear だ。Life Wear とは人々の服装の部品となる服であり、生活をより快適にする「究極の普段着」である。これまで、その Life Wear は世界的に共通だと考えられていた。しかしそれは西洋文化を中心に考えた結果でしかない。服飾文化が自国と異なる地域のことを考慮していたといえるのだろうか。そのような地域では、それ

ぞれの文化に固有の民族衣装や宗教的衣服が、そこに暮らす人々の Life Wear なのだ。Life Wear をブランドの中枢に据える以上、それぞれの文化における「普段着」を作ることは避けて通れないであろう。

　また、文化固有の服装が Life Wear であるからこそ、そこに大きな市場が存在する。前述のとおり、現状拡大傾向にあるその大きな市場は、ほとんど地場の企業によって担われている。今回の施策はインドネシアがモダン期にあるなかで一部のポストモダン的消費者を狙ったものとなったが、いずれ市場が成熟しポストモダン期に入ったとき、現段階での品質に関する消費者教育の成果として、市場で優位を形成できる。そのような長期的シナリオは、インドネシア市場においてユニクロの今後のプレゼンスを向上させるための一翼を担うだろう。

▶参考文献

アジア経済ニュース［2011］「無印良品、3号店オープン：旗艦店でイメージ浸透図る」5月23日〈http://news.nna.jp/free/news/20110523idr002A.html〉。

井上達彦［2012］『模倣の経営学―偉大なる会社はマネから生まれる』日経BP社。

圓　真耶子［2014］「アジア新興国の化粧品マーケット動向　進む化粧品メーカーの新興国進出」3月11日、大和総研ホームページ〈http://www.dir.co.jp/consulting/emg-mkt/20140311_008309.html〉。

片平秀貴［2010］「"サムライ"ブランド論―『マーケティング』はなぜ使えないのか」6月3日〈http://www.mbforum.jp/mbf/program1201/event/wpics10.pdf〉。

川津のり［2012］「ASEAN 成長国の生活動向と小売市場の拡大」『知的資産創造』11月号〈https://www.nri.com/jp/opinion/chitekishisan/2012/pdf/cs20121107.pdf〉。

経済産業省［2015］「平成26年度我が国経済社会の情報化・サービス化に係る基盤整備（電子商取引に関する市場調査）報告書」5月〈http://www.meti.go.jp/english/press/2015/pdf/0529_02a.pdf〉。

郷　裕・杜　蓉・劉　思瑋［2015］「中国消費市場の変化と日系企業の対応のあり方」『知的資産創造』Vol.23No.3, pp.46-61〈https://www.nri.com/~/media/PDF/jp/opinion/teiki/chitekishisan/cs201507/cs20150706.pdf〉。

資生堂［2009］「中国で薬局向け新ブランド「DQ」（ディーキュー）を発売―デパート、化粧品専門店に次ぐ販売チャネル拡大―」12月17日〈https://www.shiseidogroup.jp/ir/pdf/ir20091217_117.pdf〉。

資生堂［2015］「2014年度連結実績」4月27日〈https://www.shiseidogroup.jp/ir/

pdf/ir20150427_039.pdf）〕。

薛　軍［2010］『在中国的経営現地化問題―多国籍企業現地化論の再検討』創成社。

ソフィアリンクス［2012］「〈資生堂〉中国におけるネット通販（e コマース）戦略」
　　1 月 31 日〈http://www.syogyo.jp/uploads/article_custom_field/file/2580/_%E8%
　　B3%87%E7%94%9F%E5%A0%82_%E4%B8%AD%E5%9B%BD%E3%83%8D%E3
　　%83%83%E3%83%88%E9%80%9A%E8%B2%A9_e%E3%82%B3%E3%83%9E%E3
　　%83%BC%E3%82%B9_%E6%88%A6%E7%95%A5.pdf〉。

東洋経済 Online［2014］「中国オンラインショッピング、熱狂の真実「たった 1 日
　　で売り上げ 5800 億円」のナゾに迫る」4 月 1 日〈http://toyokeizai.net/articles/
　　-/34172〉。

東洋経済 Online［2015］「資生堂、再建中の中国事業でまさかの誤算 訪日中国人に
　　笑い、現地中国人に泣く」11 月 7 日〈http://toyokeizai.net/articles/-/91411〉。

日経オープンデータ情報ポータル［2013］「アパレル業界 MAP」〈http://opendata.
　　nikkei.co.jp/article/201309asiabiz/?n_cid=ASIABIZ001〉。

日経リサーチ［2015］「中国人も魅了する「無印良品」と「アルビオン」、「ニッポ
　　ンの店大賞」表彰企業・ブランドの魅力とは（1）」7 月 7 日〈http://www.nikkei-r.
　　co.jp/news/2015/07/06/award/index.html〉。

ネットショップ担当者フォーラム［2015］「ユニクロは 1 日で 115 億円以上の売り
　　上げを記録。中国の「独身の日」全体では売上 4 位」11 月 13 日〈https://netshop.
　　impress.co.jp/node/2287〉。

野村総合研究所（NRI）「生活者 1 万人アンケート調査」1997 年、2000 年、2003
　　年、2006 年、2009 年、2012 年。

野村総合研究所［2013］「国別アンケートで読み解く ASEAN 消費市場―ASEAN
　　5 ヶ国での調査結果より」5 月 14 日〈https://www.nri.com/jp/event/mediaforum/
　　2013/pdf/forum191.pdf〉。

原　研哉［2003］『デザインのデザイン』岩波書店。

美容経済新聞（2014）「化粧品・化粧品原料各社、ハラール取得とイスラム進出に“二
　　の足”（下）」6 月 20 日〈http://bhn.jp/news/24750〉。

富士経済［2015］「化粧品国内市場をチャネル別に調査・分析」1 月 28 日〈https://
　　www.fuji-keizai.co.jp/market/15009.html〉。

マイケル・J. シルバースタイン、ニール・フィスク、ジョン・ブットン 著、杉田浩
　　章監訳、ボストンコンサルティンググループ訳［2004］『なぜ高くても買ってし
　　まうのか―売れる贅沢品は「4 つの感情スペース」を満たす』ダイヤモンド社。

三尾幸吉郎［2010］「中国 286 都市の比較分析：消費市場としてビジネスチャンス
　　が大きい都市は？」3 月 12 日、ニッセイ基礎研究所ホームページ〈http://www.
　　nli-research.co.jp/report/detail/id=38626?site=nli〉。

無印良品くらしの良品研究所［2010］「中国・杭州市にて開催「無印良品展」他関連
　　イベントレポート」〈http://www.muji.net/lab/report/100609-waketen.html〉。

元橋一之［2013］『グローバル経営戦略』東京大学出版会。

柳井　正［2009］『成功は一日で捨て去れ』新潮文庫。

山本国際マーケティング研究所［2009］「中国市場から見る世界のマーケティングトレンド」4月1日〈http://www.yimi.jp/assets/files/090401china.pdf〉。

ユニクロインドネシア「HANA TAJIMA FOR UNIQLO」〈http://www.uniqlo.com//id/hana-tajima/〉。

ユニクロ公式ホームページ〈http://www.uniqlo.com/jp/〉。

リーバイストラウスジャパンホームページ「VISION」〈http://levistrauss.co.jp/vision/index.html〉。

良品計画ホームページ〈http://ryohin-keikaku.jp/〉。

鷲田祐一編著［2015］『日本は次に何を売るか』同文舘出版。

渡辺米英［2006］『無印良品の「改革」―なぜ無印良品は蘇ったのか』商業界。

渡辺米英［2012］『無印良品 世界戦略と経営改革』商業界。

Business Journal［2014］「資生堂が国内と海外ともに大誤算 得意の販売戦略も通用せず」12月24日〈http://news.livedoor.com/article/detail/9607741/〉。

China Internet Watch［2014］「China Third-Party Online Payment Market in 2013」April 10〈http://www.chinainternetwatch.com/7057/china-third-party-online-payment-market-2013/〉。

Diamond Online［2011］「値下げなし、日本より割高なのになぜ売れる？中国高級ブランド街で人気を博す「無印良品」の秘密―良品計画・松崎暁取締役が語るブランド戦略」12月20日〈http://diamond.jp/articles/-/15396〉。

Diamond Online［2012］「中国全土配送のeコマース事業を垂直立ち上げ！資生堂のこだわりを実現する縁の下の力持ち」3月6日〈http://diamond.jp/articles/-/16418〉。

eMarketer［2014］「Retail Ecommerce as a Percent of Total Retail Sales in Select Countries 2013-2018」December 23〈http://www.emarketer.com/Article/Retail-Sales-Worldwide-Will-Top-22-Trillion-This-Year/1011765〉。

eMarketer［2014］「Top 10 Countries, Ranked by Retail　Ecommerce sales Worldwide 2013-2018」December 23〈http://www.emarketer.com/Article/Retail-Sales-Worldwide-Will-Top-22-Trillion-This-Year/1011765〉。

INTER-STOCK「"中国版アマゾン"アリババの物流戦略が凄すぎる！！」〈http://www.inter-stock.net/column/no49/〉。

media pub［2014］「世界を席巻する勢いで巨大化する中国のEコマース市場、4年後にも先進9カ国の総売上を上回りそう」12月24日〈http://zen.seesaa.net/article/411160269.html〉。

PRESIDENT Online［2015］「出国者数1億人突破！「爆買い中国人」は、いま何を買っているか」10月19日〈http://president.jp/articles/-/16593〉。

UNITED COLORS OF BENETTON「WOMEN EMPOWERMENT PROGRAM」〈http://world.benetton.com/magazine/we-program/〉。

第 **3** 章

メディアから
見える
国の構造

本章では「メディア」という視点から、インドネシアと中国を俯瞰し、両国の特徴を明らかにすることを目的とする。

　新聞・ラジオ・テレビなどの従来型マスメディアに加え、インターネットメディアを研究の対象としている。なお、新聞・ラジオ・テレビに加えて四大メディアに数えられる「雑誌」については、各国における広告費や媒体としての影響力が著しく低いことから、今回は研究の対象としなかった。

　メディア産業の分析においても「規律の中国、自由のインドネシア」というコントラストは顕在だ。本章の構成として、まず、世界のメディア産業の発展を担ってきたアメリカについて説明する。それと比較する形で中国・インドネシアのメディア産業を概観していくとしよう。メディア産業の全体観を踏まえた後に、テレビ・ラジオ・新聞・インターネットの順に、各メディアの詳細な分析に移る。われわれの研究室での独自調査に基づき、前述したような「規律の中国、自由のインドネシア」という傾向が随所に表出していることを確認したい。

1 メディア産業の発展
―ロールモデルとしての先進国―

（1）メディア産業のロールモデルとしてのアメリカ

　メディア産業という切り口から、中国・インドネシアのメディア産業に関する分析・比較・未来予想をしていくに当たって、アメリカのメディア産業をロールモデルとして設定しておきたい。先進国のメディア産業のお手本となってきたアメリカと比較することで、新興国である中国・インドネシアのメディア産業の特徴をより明確に理解することができるだろう。

　アメリカの新聞、ラジオ、テレビ、インターネットの発展の歴史を

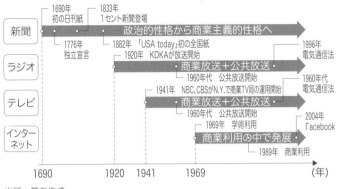

図表3-1 アメリカのメディア発展の歴史

出所：筆者作成。

簡単に示すと、**図表3-1**のようになる。アメリカのメディア産業の歴史を紐解くと、その発展が「表現の自由」と「商業主義」の後押しによるものだということがよくわかるとともに、世界のロールモデルとしてのアメリカの姿が見えてくる。

　まず新聞について見てみよう。植民地時代における新聞は、言うまでもなくすべて政府発行ないし政府の許可を受けた新聞のみであったし、独立戦争後の合衆国成立にともなう政争の時代には政治的な記事を掲げることが主であった。しかし、19世紀前半の技術革新によって廉価大衆紙が生まれた結果、この新聞は、一般大衆の興味をひく情報、すなわち広告主が興味をひく情報に注力し、政党の支配から自由になった。さらに、19世紀後半の政治を私物化しようとする動きに対する反対の声の高まりや技術革新の進行によって、新聞の大衆化は加速した。20世紀になる頃には、新聞は、その投資の必要量から見て、大企業の仲間入りをしていた。政治的色合いをもって生まれたアメリカの新聞だが、その発展は今述べた大衆化の動きと、そこで発生した市場競争に支えられた結果なのである。

　次にラジオ、テレビという電波メディアに目を向けてみよう。政治

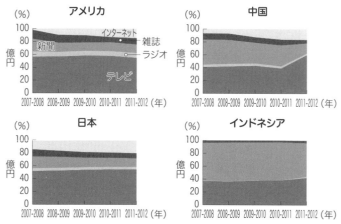

図表 3-2 アメリカ・日本・中国・インドネシアの広告市場規模推移を示した面グラフ

出所：ヒューマンメディア［2013］をもとに筆者作成。

的色合いをもって生まれた新聞とは違い、電波メディアの歴史は民間企業による商業放送から始まったのが特徴である。ラジオ放送については、1920年にピッツバーグにあるウェスティングハウス社の放送局、KDKAが放送を開始したのが最初といわれている。同じく、テレビ放送も1941年にNBCとCBSがニューヨークで商業テレビ局の運用を開始したのを端緒としている。1962年に成立した「教育テレビジョン施設法」や1967年の「公共放送法」を背景に、ラジオ・テレビの公共放送が60年代に入って一定の地位を確立したものの、アメリカの放送産業は商業放送・市場競争を核に動いてきている。総テレビ局数の8割近くを占める商業放送局の存在や1996年の「電気通信法」に代表される規制緩和の動きからもわかる。

次にインターネットの発展を見てみよう。1969年の学術利用をきっかけに実際に運用されるようになったインターネットは、1989年にメールのやりとりが可能になったことを皮切りに商用利用されるようになった。今日では、インターネットはアメリカ人にとって生活に不

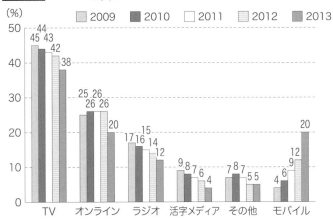

図表3-3 アメリカ消費者のメディア利用シェアの推移

出所：eMarketer, August 1, 2013〈https://www.emarketer.com/corporate/in-the-news/aug-2013〉。

可欠なメディアとなっている。

図表3-2はアメリカ・日本・中国・インドネシアの広告市場規模の推移をメディア別に示したものである。この図から、アメリカではテレビ・ラジオ・新聞・雑誌という四大メディアの広告費が減少ないし横ばいのまま成長が鈍化している一方で、インターネットの広告費が順調に増加していることがうかがえる。また、図表3-3からも、テレビ・ラジオ・紙媒体という伝うかがえディアに触れる頻度が年々低下しているのに対し、モバイルの項目が爆発的に成長しているのが見てとれる。伝統メディアの力が弱まり、その代わりに、インターネットという新しいメディアが力をもつようになってきているのだ。

(2) ロールモデルをなぞる日本

再び図表3-2を見てほしい。この2つを見比べてわかるとおり、日本もアメリカと同様、伝統メディアからインターネットへの移行が進行していることが推測される。

（3）先進国と比較する―中国・インドネシア―

　中国とインドネシアではどうなっているのだろうか。**図表3-2**を見れば、一目で、今まで述べてきたアメリカや日本とは異なる特徴をもっていることが理解できる。次節からは、この本の目的であるインドネシアと中国に焦点を当てていく。メディアの発展の歴史やその背景にある政治体制・経済体制の特徴を明らかにするのはもちろんのこと、独自調査や現地企業取材のなかで見えてきた、2国のメディアの"今"、そして、"未来"について考察していく。

2 中国とインドネシアにおけるメディアの意義 ―ロールモデル（アメリカ）と比較して見える特徴―

（1）中国―「政府のため」のメディア―

①政府の代弁者としての役割

　アメリカのメディア産業が自由と資本主義のなかで大きく成長していったのに対し、共産党政権のもと、世界2位の経済大国となっていった中国ではどのようにメディア産業は発展していったのだろうか。**図表3-2**の広告費市場規模を見ると、中国におけるメディアのパワーバランスはインドネシアほどかけ離れているわけではなく、このまま成長を続ければ先進国と類似した比率に落ち着くように見える。しかし、中国のメディア産業は先進国と同じような道筋をたどって発展してきたわけではなく、その歴史に中国の独特な政治体制が大きくかかわってくる。

　1949年に中華人民共和国が成立してから今まで、中国のマスメディアは共産党の政策方針をプロパガンダとして流し、自国民を教育し、団結させるために存在した。当然ながら、民主主義国のマスメディア

がもつ権力に対するチェック・アンド・バランスの役割やメディアとしての報道の自由の精神は育ってこなかった。

　中国の伝統的マスメディアである新聞・ラジオ・テレビ、そして新しい第3のメディアであるインターネットの発展の歴史を簡単に示すと、**図表3-4**のようになる。中国のメディア発展は政府とのかかわりが非常に強いことから、共産党の政策によって大きく左右されてきた。新聞・テレビ・ラジオの伝統的メディアはどれも最初は政府主導によって作られ、政府に保護されながら発展してきた。メディア産業が大きく変わる政治的な転機は1978年から行われた改革開放政策である。それまでの社会主義計画経済から一転して市場原理を取り入れるようになり、経済特区を作り積極的な外資の参入も促した。メディアという産業形態にも市場主義の概念がもち込まれ、それぞれのメディア媒体に大きな変化をもたらすことになった。

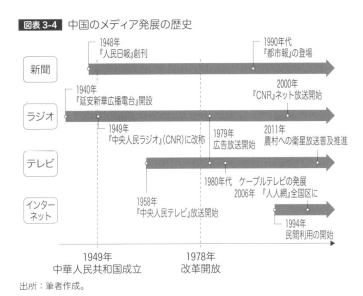

図表3-4 中国のメディア発展の歴史

出所：筆者作成。

②中国メディア史

　中国におけるメディアの歴史を見ていくと、メディアが国家によって統制されてきたこと、そして社会主義統制経済下におけるメディアの役割とその重要性が見えてくる。特に新聞は中国において他国にはない特殊性をもって発展し、市場経済の導入をもって産業としての形が大きく変わった経緯がある。

　中華人民共和国においての新聞の起こりは『人民日報』（中国共産党中央委員会の機関紙）を始めとした各省の共産党機関紙、基幹都市の党機関紙であった。その役割は明確であり中国共産党と政府の意向を広く人民に伝える媒体として使われていた。政府機関によって作成された新聞は郵便局により国営企業の職場まで配送されていた。内容も読者に読まれることではなく、党の宣伝を目的としているため無味乾燥としたものであった。

　新聞社の体制が大きく変わり、現在の形に近づいていくのは市場経済政策の導入からである。新聞社は個人需要の取り入れを狙うこととなった。それまで党の機関紙のみを発行していた新聞社は1990年代半ばから大都市を中心として個人需要向けに「都市報」の発行を始めた。都市報は1990年代の中国市場経済の急速発展に付随する個人向けの広告需要の受け皿として部数を大きく伸ばすことになり、看板新聞となっていった。

　新聞と同様にテレビ・ラジオといった電波放送メディアも改革開放政策までは国営であり、プロパガンダを発信する媒体として運営されてきた。ラジオは1940年に中国共産党が中国国民党と対峙するなかプロパガンダ放送を行うために開設された『延安新華広播電台』（XNCR）が始まりである。テレビは1958年に中国中央電視台（CCTV）が同じく国営企業として設立され、現在でも十数チャンネルをもつ最大のテレビ局として存在している。

　電波放送メディアでも文化大革命以前には広告放送が禁止されてい

たが、文革の終了とともに広告需要が起こり大きく発展していった。特にテレビは広告需要の大きな受け皿となり、CCTVは1990年代に国からの補助が大幅に減少されたことを契機にCMを放送するようになった。

③現在のメディア規制

改革開放をとおして中国のマスメディア産業はこれまでの国家統制された経営から、資本主義に基づいた経営になった。しかし、それによって中国メディアは党や政府を宣伝する媒体ではなくなったのかというとそうではない。現在でも、中国においては資本主義による商業的なメディアと共産党の「代弁者」としてのメディアが共存を果たしている。

たとえば、新聞では各新聞社とも記事の独自性を求めてスクープなどのジャーナリズムが発生している。しかし、内外の大きな事件・事故といった政府の指針に関係する内容の記事については国営の新華社通信の統一原稿を使うよう定められている。

テレビ番組は放送前に「審査」があり、政府に批判的な内容は放送できない仕組みになっている。また、外からの思想や商品が流入しやすい外国の番組を放送する場合は、国務院の承認を得る必要がある。テレビはコンテンツごとに役割の分化が進んでおり、資本主義と統制経済をあわせもつ中国の二面性をよく表している。具体的には、ニュースやドキュメンタリーなどの番組が政府の「代弁者」として思想を発信する媒体、バラエティや音楽番組、ドラマなどが視聴者を楽しませ広告費を集めるための媒体となっている。バラエティやドラマは日本と同様に局から分離したプロダクションが番組の製作を行う場合も増えてきているが、ニュースやドキュメンタリーは局での製作が義務づけられており、政府を宣伝する媒体としての役割を失わないようになっている。代表的なものは先述した中央電視台の夜7時の

第3章
メディアから見える国の構造

99

ニュース「新聞聯播」であり、この番組は中国各省がもつテレビ局も一律同時放送をしなければならないことになっている。各省の総合チャンネルは衛星で全国放送されているため、環境が整っていれば有線を通じて 40 〜 50 ものチャンネルを見ることができる。そのため、中国では夜の 7 時に多くのチャンネルから同じ放送が流れる奇妙な現象が起こっている。

2012 年からは現在の習近平体制が発足したが、政府当局のメディア管理は強化の一途をたどっており、政府の考えによって内容や広告が変更・規制される状況は続いている。たとえば、2013 年 2 月にはSARFT（国家ラジオ映画テレビ総局）が「視聴者に贈り物を勧めるような広告」を放送しないように全国のラジオ局・テレビ局に通達した。その意図は、新政府発足後の政府機関の豪華な飲食などの「浪費」に対する反対キャンペーンとして「贈り物ベスト」「上司への贈り物」などとして希少な切手や高級時計、金貨などの贈り物を勧める広告を規制することで普遍化している賄賂の横行を抑制することだと考えられている。

④メディア自由度

このような中国のメディアに対する姿勢は実際に「報道の自由度」指数にも大きく現れている。「国境なき記者団」(Reporters Without Borders) が発表する「世界報道自由度ランキング」(World Press Freedom Index) において中国は 180 位中 176 位という下から 5 番目の順位となっている（図表 3-5）。日本の 61 位、アメリカの 49 位とも大きく離されて、経済発展が中国よりも遅いとされるインドネシアも 138 位に位置しており中国よりも上位である。このランキングはその国のメディアの独立性の高さ、多様性、透明性といった内容面、報道に関するインフラ整備、そしてメディアを取り巻く法規制や自主規制などを数値化した指標によって定められている。

図表 3-5 世界報道自由度ランキング

1 位	フィンランド　ヨーロッパ
2 位	ノルウェー　ヨーロッパ
3 位	デンマーク　ヨーロッパ
4 位	オランダ　ヨーロッパ
5 位	スウェーデン　ヨーロッパ
⋮	
49 位	アメリカ　北米
⋮	
61 位	日本　アジア
⋮	
138 位	インドネシア　アジア
⋮	
176 位	中国　アジア
177 位	シリア　中東
178 位	トルクメニスタン　ヨーロッパ
179 位	北朝鮮　アジア
180 位	エリトリア　アフリカ

出所：国境なき記者団［2015］をもとに筆者作成。

⑤インターネットにも及ぶ政府の検閲

　インターネットの出現によって中国のメディアはどのように変化したのだろうか。インターネットの出現に対して政府は規制を強化していく方針をとった。具体的な方法としては、外資の google や Facebook を中国市場から閉め出し、同時に閉め出した外資と同様の役割を果たす百度（Baidu）や微博（Weibo）といった中国独自のインターネット世界を作り上げることによって、自国民が自由に世界とつながり世界と情報交換できる状態になることを防ごうとした。

　それでも、個人が発信する情報は膨大でありいくら政府が情報統制を行おうとも止められなかったことも存在する。代表的な例としては「上海高速鉄道事故」だ。これは 2011 年に発生した中国の高速鉄道「和諧号」による追突事故であり、死者 40 人以上、負傷者 200 人の大惨事となった。このプロジェクトは国家の威信をかけたプロジェクトであったため、中国政府は高速鉄道技術への信頼失墜を防ごうと、乗客の救援を後回しにして車両を埋めることで事件の隠蔽を図った。マスメディアに対しては、事故内容の報道を禁じる命令が中国共産党から下されたが、中国版 Twitter である微博を中心に事故の画像が拡散し一時的な政府批判につながった。

第 3 章
メディアから見える国の構造

図表 3-6 インターネット自由度ランキング

1位	アイスランド
2位	エストニア
3位	カナダ
4位	ドイツ
5位	オーストラリア
6位	アメリカ
7位	日本
⋮	
33位	インドネシア
⋮	
61位	キューバ
62位	エチオピア
63位	イラン
64位	シリア
65位	中国

出所：Freedom House [2015] をもとに筆者作成。

しかし、こういった事件を経て中国のインターネット規制はSNSやインスタントメッセンジャー（IM）にも及んできている。2015年3月1日からインターネットサービスへの実名登録を義務づける新たな規制が発効された。インターネット規制当局である国家インターネット情報室（CAC）が発表した声明によると、新規制はブログ、ミニブログ、インスタントメッセージング（IM）、オンラインフォーラム、ニュースサイトのコメント欄などの利用者が対象となった。中国の大手インターネット企業は新規制の施行により大きな影響を受けると見られるが、政府の意向に沿った行動をとっている。新規制の例として、IMサービスの微信では、一部ユーザーが歴史をゆがめている内容を発信したとしてアカウントが閉鎖される、といったことも起きている。

結果として現在の中国のインターネット規制の強さは民主化と自由に取り組むNGO団体「Freedom House」が発表しているインターネット自由度にも現れており、中国は調査対象国65ヵ国中最下位の65位である（**図表3-6**）。

(2) インドネシア―根強い伝統メディア人気―

①根強い伝統メディア

ではインドネシアのメディア産業はどのような性格を帯びているだ

ろうか。インドネシアは3466の大小の島で構成された国であり、東西の長さはアメリカの長さと同じくらい非常に長い。インドネシアは多くの言語が共存する国でもある。共通語であるインドネシア語以外にも、ジャワ語、スンダ語、マドゥラ語など無数の言語が存在している。そのためであるか、前出の**図表3-2**を見てみると、新聞とテレビの割合が圧倒的に大きく、インターネットは目に見えないほど小さいため、インドネシアのメディア産業は他国と違った構造をしていることがわかる。なぜ、このようなパワーバランスになったのだろうか。インドネシアメディア発展の歴史から原因を探っていきたい。

②インドネシアメディア史

インドネシアにおけるメディアの歴史を見ていくと、インドネシアメディアの主体が変化していく流れを見ることができる。簡単に図にすると**図表3-7**のようになる。

新聞は、1949年に『Jawa Pos』というインドネシア初の全国紙が誕生した。しかし、島や地域によって言語も文化も異なるインドネシアにおいては、全国紙よりも地方紙が重宝された。1970年代以降、軍が中心となって「新聞が村へ入る」（Koran Masuk Desa：KMD）運動

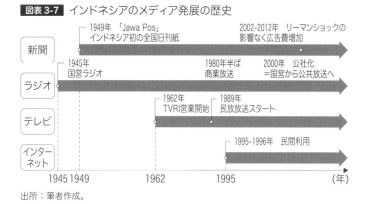

図表3-7 インドネシアのメディア発展の歴史

出所：筆者作成。

が全国展開され、政府の御用新聞が地方に入っていった

ラジオ放送は創立された1945年以降40年近く、またテレビ放送は1962年以降30年近く、国営放送のみの時期が続き、政府が国民へ情報を流す主なメディアとして機能した。特に、スハルト政権によって利用され、このような政治利用によりラジオ・テレビは大きく発展した。したがって、新聞・テレビ・ラジオはインドネシアでも「政府のためのメディア」として利用されていたといえる。

③インドネシアも政府のためのメディア？

しかし、1980年代になって、この「政府のためのメディア」が方向性を変え始めた。1980年代半ば、国営ラジオ局が商業ラジオ局に転換し、1989年には民放テレビ局が営業開始した。長い間続いた国営放送の時代に民営放送が参入し始めたことはメディア業界の発展の契機となった。

1998年スハルト政権が崩壊した後、インドネシアではいっせいに民主化が進んだ。以前までは情報省という政府機関が厳しくメディアを監視していたが、民主化の影響で情報省は廃止され、メディアの自由が保障され始めた。同時に、マスメディア産業にも改革の動きが始まった。2000年前後には新聞・ラジオ・テレビ局に新しい企業が設立・市場参入し新たな自由競争時代が到来した。特に「2002年放送法」が新たに規定され、放送管理のより大きな権限が大衆に与えられた。

現在は、自由競争という環境のもとで、1954種類の新聞、12局のテレビ放送局、1200局のラジオ局が存在している。

④メディアの主体が政府からメディア財閥へ

インドネシアでは2002年以降、メディアの自由度が一気に高まった。メディア産業の自由化にともない生まれてきたのが「メディア財

閥」である。彼らはスハルト時代に築いた政府との緊密な関係や資産を土台として、民間のメディア企業を運営している。テレビ局のMetro ― TV や新聞社の Media Indonesia を所有する「Surya Dharma Paloh」などが例である。

3 独自現地調査から見るメディアの今

（1）TV―国営から民放へ―

　前述したとおり、アメリカにおけるテレビ産業は放送開始時点から商業主義・自由競争市場という基盤の上に成り立ったことが特徴である。しかし、中国とインドネシアのテレビ産業は政府が主導し、国営として立ち上がった。

　中国は 1958 年、CCTV（China Central Television：中国中央テレビ局）が本放送を開始し、1973 年にはカラーテレビ放送開始など、アメリカと同じ流れを歩んでいた。そして、文化大革命が終わった頃の1979 年にはテレビ広告が始まった。レコードチャイナによると中国テレビ広告需要は大きく伸び続け、2011 年には世界一視聴者が多い番組といわれている CCTV のニュース番組「新聞聯播」最初の CM スポット（2 ヵ月間、毎日 10 秒ずつ）に 7600 万元（約 9 億 3100 万円）という値段がついたという。広告が発達したということで、商業主導の産業構造に変わるかと思われたが、共産党は広告に規制をかけ、メディアをあくまで自分たちの管理下に置こうとする姿勢を見せた。その後、中国政府はさまざまな形で、メディアに対して影響を及ぼし続けている。

　一例として、**図表 3-8** を見ると、共産党政府がいかに外国コンテンツを制限してきたかがうかがえる。

第3章
メディアから見える国の構造

105

図表 3-8 中国共産党によるテレビに関する主な規制

1990 年	【海外衛星放送受信規制】 ：海外衛星放送を禁止。
1993 年	【衛星テレビ放送地上受信施設の管理規定】 ：基本的に中国人は衛星テレビを受信してはいけない。
1994 年	【ケーブルテレビ管理規制】 ：ケーブルテレビで外国番組規制。
1995 年	【広告法】 ：社会主義市場経済の導入に伴い、広告が増加。広告の基準を定める。
1997 年	【ラジオ・テレビ管理条例】 ：党と政府の指示を伝達するチャネルを確保すること。
2004 年	【外資規制】 ：外国企業が放送局に直接資本参加することができない。

出所：NHK 放送文化研究所編［2015］をもとに筆者作成。

　中国のメディアを管理する国家新聞出版ラジオ映画テレビ総局（SARFT）は 2012 年、プライムタイムの時間帯に海外のテレビドラマや映画などの放送を禁止した。NHK 放送文化研究所によると、要するに、「コンテンツを充足させて利潤を獲得するよりも党の宣伝を優先せよ」というのがこの海外コンテンツ規制に含まれた共産党政府からのメッセージである。ただし、この制限に大きく影響を受けたのは人気の高い海外作品の放送を通じて CCTV と視聴率を争っていた地方テレビ局であったため、テレビ局各社に党の宣伝を行うよう強制するという目的に加えて、SARFT に多額の上納金を納めている CCTV を保護することも意図していたと考えられる。

　また、広告市場においても、広告代理店の力が大きい日本やアメリカと異なり、中国ではテレビ局と直接契約することが多い。すなわち、中国においてメディア産業は前提として「政府のために存在するもの（政府の代弁者）」であり、この前提から市場が成り立っているといっても良いであろう。

一方で、インドネシアのテレビ業界は 1962 年、TVRI（Televisi Republik Indonesia）国営放送局が放送を開始した。1980 年代には 5 つの民営放送（RCTI、TPI、SCTV、antv、Indosiar）が営業開始し、スハルト体制崩壊後には MetroTV、TV7、TransTV、Lativi、GlobalTV が同時開局した。地上波→カラー→衛星＆CATV の順番はロールモデルであるアメリカや中国と同じである。しかし、政府のメディアに対する姿勢は中国とインドネシアでは大きな差異があった。

　スハルト時代には、放送事業は国の政府機関によって統制されるという放送法を採択していた。特にテレビ局においては、1 局体制が長く続いたため、中国と同じく、「政府の代弁者」の性格が強かったといえる。政府の方針に対する批判や批評は許されなかった。しかし、テレビ産業のこの姿勢はスハルト政権が崩壊した後、方向性が 180 度変わった。政権崩壊直後の 1998 年、コンテンツ多様性の原則が保証される規定が成立した。その後の 2002 年には「放送に関する 2002 年法律第 32 号」が新たに制定された。「2002 年放送法」と呼ばれるその法律は現在のインドネシアの基本法でもあり、報道の自由や人権への配慮が謳われ、放送事業への外資参入が可能になり、放送業界の大きな転換点になった。また、同法により、唯一の国営放送局だった TVRI が有限責任会社に変わり、さらに 3 年後広告放送が可能になる公共放送局へと転換した以外にも、現在に至るまで、放送の規制監督機関 KPI（Komisi Penyiaran Indonesia：インドネシア放送委員会）の設置などといった放送業界における基盤を作り上げたといえる。

　また、スハルト時代唯一の放送局 TVRI は競合他社の存在しない時期が長かったため、プログラム改善の努力不足があり、結果的に競合他社が現れたときには視聴率が 1 番低い放送局に転落した。その際現れたのはメディア財閥ある。メディア財閥が登場したことで、政府のためのメディアではなく、政府を見る国民の目としてメディアへと性格が変わった。

第3章
メディアから見える国の構造

図表3-9 インドネシアにおける主な放送局と財閥

放送局名	市場占有率(%)	主なプログラム	財閥
RCTI	17	ドラマ・コメディー	MNC
SCTV	16	ドラマ・海外ドラマ	Emtek
Trans TV	14	バラエティー・ドラマ・映画・コメディー	Para Group
Trans 7	10	スポーツ・ニュース	Para Group
MNC TV	12	宗教ドラマ・音楽	MNC
Indosiar	10	ドラマ・海外ドラマ・映画	Salim Group
Global TV	8	幼児プログラム・音楽	MNC
ANTV	7	スポーツ・家族&幼児プログラム	Bakrie Group
tvOne	5	ニュース・トークショー・ドキュメンタリー	Bakrie Group
Metro TV	3	ニュース・トークショー・ドキュメンタリー	Surya Paloh

出所：ジョン・ヨンチャン [2011]「2011年国際放送市場と需要者統計調査（韓国）」12月。

図表3-9は、テレビ局とメディア財閥の組み合わせを示したものだ。インドネシアにおけるメディア財閥はテレビ局以外にも新聞やラジオなどといったメディア業界に多角的に会社をもち、運営している。一部の財閥（たとえばSurya Dharma Paloh）は政府の委員としても活躍しており、国民の立場から政治を批判・批評するなどしている。

GDPの上昇により、テレビを保有する家庭も増加傾向にある。図表3-10によると、2010年インドネシア国民は1日平均TV視聴時間が262分（4時間22分）であり、日本220分（3時間40分）、アメリカ164分（2時間44分）、中国172分（2時間52分）よりも長い。インドネシアにおけるテレビへの接触時間は他国に比べ長いといえる。

また、筆者らが行った博報堂インドネシアに対する取材によれば、インドネシアのテレビは全国放送が主なのである。同じ内容のCMが

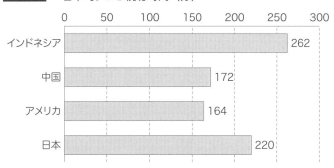

出所：ジョン・ヨンチャン［2011］「2011年国際放送市場と需要者統計調査（韓国）」12月。

全地域に流されるのだ。このような仕組みは企業の広告活動を困難にした。他国のTVCMは地域ごとに違った内容を発信することができるため、企業は地域別に戦略を立て、各地域に異なった広告を打つことが容易である。しかし、インドネシアでは統一した内容で全国に放送されるため、地域により異なる広告を打つことは難しい。

再び、図表3-2を見てみよう。視聴時間が長いテレビと比較して、新聞の広告市場規模は圧倒的に大きい。テレビの地域別放送ができないことから、ローカルにおいては新聞に依存する傾向があり、そのため、新聞の広告費が高く設定されているのである。

(2) ラジオ―大渋滞とカーラジオ―

先述したように、アメリカにおけるラジオは、ウェスティングハウス社という民間企業の所有する放送局KDKAによる商業放送から始まった。そして、一連の規制緩和からもわかるように、連邦政府の姿勢は自由競争を積極的に促すものであった。

一方、1940年、中国で初のラジオ局である延安新華ラジオは中国共産党によって開設され、「政府の代弁者」としての役割を担った。つま

り、自由な報道は不可能であり、政府の宣伝を果たすことを主な機能としていたのである。1949年に中華人民共和国が成立した後も、国のためのメディアとしてのラジオは北京新華ラジオ、中央人民ラジオ（CNR）として引き継がれた。1979年に広告放送が導入され、中国のラジオは市場経済に組み込まれることとなったが、結局は、ラジオ映画テレビ総局の管理のもと、放送局は設立から放送、受信に至るまで①中央、②省、直轄市、自治区、③市、④県の4つのレベルで管理・運営されており、中国共産党の宣伝機関としての役割は変わらないままなのである。1997年9月に制定された「ラジオ・テレビ管理条例」も、その骨子を「党と政府の指示を伝達するチャンネルを確保すること」「放送行政部門に大幅な権限を付与すること」などと規定しており、規制色が強いことがうかがえる。

　中国のラジオ放送に対する規制によって民間資本はラジオ局の設立、経営には参入を許されていないし、一部チャンネルの時間帯を買い取ることも禁止されている。また、午後7時のニュースなど重要番組について、ラジオはCNRの各第1チャンネルを同時再送信することが義務づけられているのである。さらに、習近平が登場して以来、中国当局による自由に対する制約は徐々に強まっているが、その影響はテレビ・ラジオの司会者にまで及んでいる。2015年6月22日、テレビ・ラジオ局で中国当局が認めないアナウンサーを禁止する方針が発表されたのである。

　ASEANの国々に目を向けると、フィリピンやマレーシアなどでは、依然として政府の監督下にある国営放送制度が維持されている。国営放送が政府の広報・情報提供機関として存在しているのだ。インドネシアにおいても、そのラジオ放送の歴史は1945年に放送を開始した国営のRRIラジオに端を発した。その後、80年代には商業ラジオが登場するものの、その放送は国営放送の焼き直しであった。

　中国にも似たこのような体制の背景には、スハルト大統領（1968～

1998年)による開発独裁体制があった。治安維持と国家発展という目的のため、スハルトの独裁体制のもとでは、民間のラジオ局によるニュース番組の放送は禁じられており、RRIが制作したニュース番組の放送が義務づけられていたことからもラジオが国のためのメディアであったことがうかがえる。

しかし、1997年のアジア通貨危機がインドネシアに波及し国内のなかに民主化運動が起こり、1998年5月にスハルトが退陣に追い込まれると、この状況に変化が訪れる。独裁政権から民主政権へと変わったのである。スハルト政権下で禁止されていた民間の放送局によるニュース番組の放送は解放され、2002年の「新放送法」により国営放送組織だったRRIは公共放送として位置づけられた。

ラジオはインドネシア人の日常生活に対して、意外なほど大きな影響力をもっている。**図表3-11**は、インドネシアの消費者のラジオ聴取率を示したグラフである。図から、インドネシアの人々の59.3%が週に数回以上ラジオを聴いており、まったく聴かない人々はわずか

図表3-11 インドネシア、中国、日本のラジオ聴取率

注：数字は四捨五入。
出所：一橋大学グローバル消費者調査（HGC Survey）2015（インドネシア）、リサーチバンク「ラジオに関する調査。ラジオを週に1回以上聴く人は30%。」2013年9月25日〈http://research.lifemedia.jp/2013/09/130925_radio.html〉をもとに筆者作成。

第3章
メディアから見える国の構造

111

2％しか存在しないことがわかる。日本において、週に数回以上ラジオを聴く人が29.8％であり、まったく聴かない人が33.6％も存在するというデータと比較すると、インドネシアの数値の高さが理解できる。

この聴取率の高さは、インドネシアが世界有数のクルマ社会であることに起因する。インドネシアでは経済発展が進むとともに、自動車の国内販売台数は右肩上がりで、首都ジャカルタの自動車登録台数は2000年の105万台から、2013年には300万台と3倍に増加しているこの自動車の増加に、交通インフラの整備が追いついておらず、都心部などでは交通渋滞が発生しており社会問題となっている。イギリスの車両用潤滑油メーカー「カストロール」が各国78都市を対象に交通渋滞事情を調査した結果、ワースト1がジャカルタであった。

このような自動車の増加とそれによって引き起こされる大渋滞が、カーラジオの聴取率、接触率を引き上げるトリガーとなっている。実際、**図表3-12**の調査によると、カーラジオを通じてラジオを聴く人が68.6％と日本の54.1％よりも高い数値を示した。その利用目的を鑑

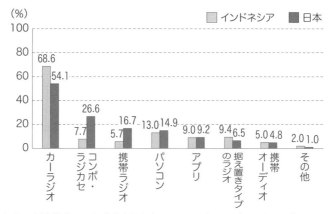

図表3-12 どのような機器を利用してラジオを聴くか（複数回答可）

出所：一橋大学グローバル消費者調査（HGC Survey）2015（インドネシア）、リサーチバンク「ラジオに関する調査。ラジオを週に1回以上聴く人は30％。」2013年9月25日〈http://research.lifemedia.jp/2013/09/130925_radio.html〉をもとに筆者作成。

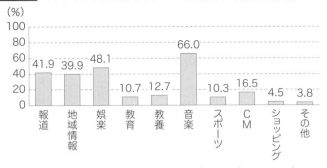

図表 3-13 インドネシアにおけるラジオの利用目的（複数回答可）

出所：一橋大学グローバル消費者調査（HGC Survey）2015（インドネシア）。

みると、ラジオは、ニュースメディアとしての役割以上に、娯楽メディアや音楽メディアとしての役割を果たしていることがわかる（図表 3-13）。

(3) 新聞―紙媒体に未来はあるのか―

　中国における新聞は党と政府の意向を人民に伝えるための党機関紙として生まれたのは前述のとおりであるが、状況が大きく変わったのは市場経済政策の導入からである。1980年代以降多くの新聞社は独立採算性を導入し、資本主義的な企業努力を求められるようになった。都市報が生まれ、党の機関紙を上回った現在、一般の読者は党機関紙よりも都市報を好み、そちらの方が世論への影響力が大きくなっている。しかも、都市法は独自取材も始めてスクープをするようになり、記者にもジャーナリズム精神が生まれてくる。突発事件に対して各社が独自取材を行うようになってきている。党・政府の立場から見れば先の宣伝動向の座が乱れる憂慮すべき事態であり、後述するインターネットの問題と合わせて中国共産党のメディア政策を悩ます問題となっていることは確かである。

　図表 3-14 は中国の20代を中心とした若者の新聞購読率であり、毎

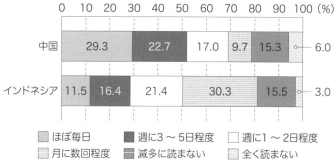

図表 3-14 中国とインドネシアの新聞購読頻度の比較

出所：一橋大学グローバル消費者調査（HGC Survey）2015（中国）。

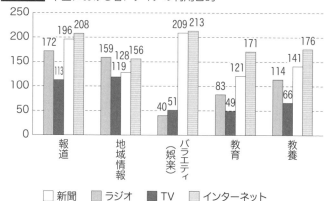

図表 3-15 中国における各メディアの利用目的

出所：一橋大学グローバル消費者調査（HGC Survey）2015（中国）。

日購読している割合が3割というのは日本における20代の購読率とほぼ同じである。先進国と同様に若者に対しては新聞の影響力が低くなっていることが見てとれる。加えて、**図表3-15**のメディアごとの利用目的を見ると、新聞利用目的の根幹たる報道においてインターネットの数値が高い。新聞に比べて党の情報統制が甘いインターネットメディアの方が報道としての利用目的が多いことが見てとれる。

一方、インドネシアの新聞はどのような状況であろうか。インドネ

シアは多民族・多言語国家であるが、新聞においては統一言語のインドネシア語で発行されている。その背景には新聞は公共事業であり、その所有者、発行人はインドネシア市民でなければならないという規制があり、外資の参入から自国のメディアを守るという考えがある。また、中国語新聞の発行は禁止されており、自国内の華僑の影響力を抑えようというプリブミ（非中国化）政策の影響も見てとれる。インドネシアもスハルト時代にはメディア産業は国営企業であり、政府から国民へ情報を流す媒体として機能した。「1969年新聞法」により厳しい言論統制の規定が定められ、1978年にはスハルト大統領が「インドネシアの現段階では、自由のための自由は許しがたい贅沢である」として、この内容について異議を唱えた新聞は発禁している。1970年代以降、軍が中心となって「新聞が村へ入る」（KMD）という運動が全国展開され、政府の御用新聞のみが全国の村へ入っていった。しかし、スハルト政権が終わるとともにメディアの検閲をしていた情報省は廃止され、かつては頻発していた新聞の発禁処分などはなくなった。

　現在のインドネシアの新聞は地方紙が各地で競争力を保持している。インドネシアの新聞は、政党別、軍別、宗教別に運営されていることが多い、そのため地域やコミュニティに根づいた新聞を発行しているという特徴が存在する。たとえばインドネシアの代表的な日刊紙「Kompas」はもともとカトリック系の母団体が発行している。このような新聞の形態は都市ごとに新聞が発展していったアメリカの形に近く、新聞社の収益方法も購読料よりは広告費に寄っている。博報堂インドネシアへの取材によれば、インドネシアにおいて新聞広告は地域別広告の媒体として重要な役割をもっている。つまり、現在のインドネシアにおいて1番メジャーなマスメディアであるテレビが衛星放送の形態をとっており、国全体で統一した内容を放送しているため、地域別の広告は主に新聞に掲載される傾向にあり、その結果が新聞への多額の広告費へとつながっていると考えられる。

第3章
メディアから見える国の構造

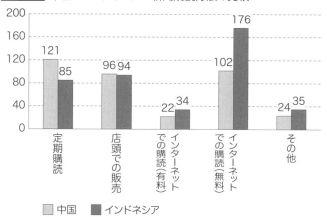

図表3-16 中国とインドネシアの新聞購読方法の比較

出所：一橋大学グローバル消費者調査（HGC Survey）2015（中国）。

　インドネシアの新聞は地方に基盤をもち，広告媒体として強い力をもっている。しかし，広範に広がる島々に人口が偏在しているという特性上インドネシアでの新聞の普及には限界がある。前出の**図表3-14**は中国とインドネシアにおける新聞の購読頻度の比較である。インドネシアのなかでも人口が集中し新聞が手に入りやすいと考えられるジャワ島においても毎日新聞を読む層は1割程度である。また，**図表3-16**は中国とインドネシアにおける新聞の購読方法の比較であるが，インターネットでの無料購読が突出している。

　インドネシアは地理的に紙媒体の普及が困難であることに加えて，紙の新聞が人々に普及しきる前にインターネットメディアが出現したことにより，先進国に先駆けて紙の新聞が力を失う可能性が高い。

(4) インターネット—蛙飛び（リープフロッグ）する産業構造—

　2010年3月22日，アメリカのインターネット検索最大手であるグーグルが，中国市場から撤退することを正式に発表した。主な理由として挙げられたのは，中国政府による厳しい検閲体制である。もともと

「民主化」や「少数民族問題」など、中国政府が望まない情報をもともと示にする自主検閲を受け入れての参入であった。しかし、その後も政府からの検閲が続いたうえ、中国の人権活動家の Gmail アカウントが国内からサイバー攻撃を受けるなどの行為が発覚し、撤退を検討し始めたという。

このエピソードから読みとれるのは、中国政府主導の規制の激しさだ。新聞・ラジオ・テレビよりも圧倒的に新しいメディアであるインターネットだが、「政府の代弁者」として、情報を厳格に管理されている点では、旧来メディアとあまり変わらないといえる。

現在、中国における主な検索エンジンは、国内70％のシェアを誇る「百度（Baidu）」をはじめ、上位3位まで中国企業が提供するものとなっている。

国内企業が順調にシェアを伸ばす一方で、グーグルをはじめとする海外企業のシェア率はどれも1桁台と厳しい状況だ。なぜこのようなことが起きているのだろう。

現在、グーグル・チャイナでは、アクセスすると中国政府による規制のない香港のサーバーに飛ばしてそこで運用するなどの対策を講じている。しかし、「百度（Baidu）」にアクセスするときと比較して明らかに通信速度が遅くなるなどの問題もあり、シェアを伸ばすには厳しい状況が続いている。

中国のメディア自由度の低さは、インターネットメディアにおいても顕著だ。中国には、"Great Firewall" と呼ばれるシステムが存在する。これは、中国共産党によるインターネット検閲システムで、共産党にとって都合の悪い情報をフィルタリングするファイアーウォール機能をもつ。昨今では、共産党による情報統制を象徴する存在として有名である。かつて侵略者に対する防壁として築かれた「万里の長城（Great Wall）」とかけて、このような名前で呼ばれているという。

グーグルへの対応にしても、Great Firewall の存在にしても、共産

第3章
メディアから見える国の構造

117

党の情報統制は、他国と比較して際立っている。共産党による情報の束縛が中国のインターネットサービスにおける最大の特徴なのである。

　政府の検閲によって利用が制限されているのはグーグルだけではない。フェイスブック・ユーチューブ・ラインなど、グローバルに利用されているソーシャルメディアは、軒並みアクセスしづらいのが現状だ。したがって、外部サービスの利用がままならない代わりに、自国企業による独自のインターネットサービスが成長してきた。これは中国のインターネットにおける大きな特徴だといえるだろう。そして、これらの独自サービスをいかにうまく利用するかが、諸外国企業の中国におけるマーケティング戦略でも重要になってくる。

　たとえば「微信（Wechat）」は、中国の大手IT企業のテンセントが提供しているメッセージアプリである。使われ方やインターフェースは、日本におけるLineに近い。月間アクティブユーザー数は約3.5億人で、ラインの約2.11億人を超えてアジア圏シェア1位を獲得している。

　また、「微博（Weibo)」は、中国で使用されている代表的なSNSツールである。140文字まで文章が投稿でき、画像・動画などもアップロードできる。基本的にはフェイスブックとツイッターの両方の機能を合わせたようなサービスだ。微博の月間アクティブユーザー数は約2.12億人（微博公式HPより）だが、この数字はツイッターの月間アクティブユーザー数である約2.84億人に迫る規模である。中国国内での影響力が強いため、日本企業が自社ホームページの代わりに微博の公式アカウントを使用しているケースも多い。現在、トヨタやキャノンなどの大企業をはじめ、約700の日本企業公式アカウントが存在している。

　このように、中国では基本的に独自サービスが好まれる傾向にある。自国の技術でサービスを作り上げることにこだわる理由は2つ考えられる。1つ目は、欧米諸国への対抗意識だ。特に、さまざまなインター

ネットサービスの先駆者であるアメリカに対しての意識は強い。2つ目の理由は、第1章で解説した「面子」である。他国の力に頼らずとも、優れたサービスを開発できる力を保持しているということをアピールしていると考えられる。

インドネシアにおけるインターネットメディアの状況はどうであろうか。各国のブロードバンド普及率のグラフ（図表3-17）からもわかるように、インドネシアでは、インターネットの普及自体がこれからであり、有線回線よりも無線回線の普及率が高い。有線回線の利用から徐々に無線回線を並行利用するようになってきた他国（アメリカや日本、中国）と異なり、インドネシアは有線回線の普及段階を飛び越え、無線回線の段階へと突入したといえる。このような段階の跳躍は"リープフロッグ現象"と呼ばれ、新興国でよく見られる現象の1つである。島国が集まっているという地理的特性と相まって、インドネシアでは今後、無線回線が普及していくだろう。

リープフロッグ現象は、国民がネットを利用する際に使う機器類にも生じている。以下は、インドネシアと中国において、インターネットを利用する際に使用される主な機器の割合である（図表3-18）。

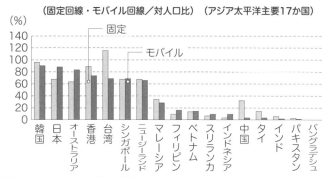

図表3-17 各国のブロードバンド普及率
（固定回線・モバイル回線／対人口比）（アジア太平洋主要17か国）

出所：GSM Association [2011]「Asia Pacific Mobile Observatory 2011」〈https://www.gsma.com/spectrum/wp-content/uploads/2012/07/Asia-Pacific-Mobile-Observatory.pdf〉。

「スマートフォン」が1位であるのは両国共通である。しかし、中国では2位となっている「有線PC」が、インドネシアでは4位であり、その代わりに無線PC・タブレットが上位となっている。

インドネシアは人口が多いため、各種インターネットサービスの利用者数も必然的に多くなり、世界において大きなプレゼンスを示している。たとえば、フェイスブックの月間アクティブユーザー数は約6900万人（2014年6月、Facebook社インドネシア支社発表）で、世界第4位となっている。また、インスタグラムも若者を中心に高い人気を誇っている。インターネットの普及自体がこれからなので、今後SNSユーザー数はより一層増えていくと予想される。したがって、イ

図表3-18 中国・インドネシアのインターネット使用機器

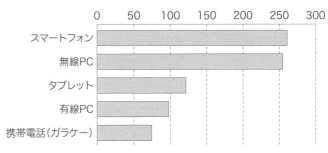

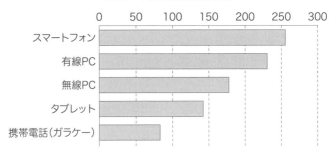

出所：一橋大学グローバル消費者調査（HGC Survey）2015。

ンドネシアでビジネスを行う企業にとって、これらのSNSをマーケットプレイスとしてうまく利用することが非常に重要なポイントとなってくる。

　インドネシアでは、中国のようにネット規制が厳しいということはない。したがって、基本的にインドネシアでよく利用されるSNSは、フェイスブック、インスタグラム、ツイッター、ワッツアップなど、日本や欧米諸国と同じである。

　インドネシアで特別人気が出たSNSサービスも紹介しておこう。最大150人までとしかつながることのできない限定公開型SNS"Path"だ。不特定多数との雑多なつながりではなく親密な人間とだけのつながりをもてるPathは、アメリカで開発されたものながら本国ではあまり普及しなかったものの、インドネシアでは若者を中心に人気を獲得している。

▶**参考文献**

教育社国際地域研究センター編［1987］『世界のメディア』教育社国際地域研究センター。

クロード＝ジャン・ベルトラン著、松野道男訳［1977］『アメリカのマスメディア』文庫クセジュ。

経済広報センター編［2010］『中国メディアハンドブック』経済広報センター。

黄　昇民・亀井昭宏［2004］「広告研究最前線─いま中国の広告に求められるもの」『AD STUDIES』Vol.8、pp.23-27 〈http://www.yhmf.jp/pdf/activity/adstudies/vol_08_04.pdf〉。

国境なき記者団［2015］「Worldwide press freedom index 2015」〈https://rsf.org/en/ranking/2015〉

ジョン・ヨンチャン［2011］「2011年国際放送市場と受容者統計調査」12月。

中国IT情報局［2015］「中国当局がネット抑圧強化を決定」7月3日〈http://jcvisa.info/chinese-government-press-out-masmedia〉。

中村美子［2014］「第3回 多様な公共放送 アジアにおける放送の役割」（3回シリーズ報告 世界公共放送研究者会議（RIPE@2014東京大会）」〈https://www.nhk.or.jp/bunken/summary/research/report/2014_12/20141203.pdf〉。

日経ビジネスオンライン［2011］「高速鉄道事故はなぜ起こったか 事故車両をつぶ

し、穴に埋めた思考回路と政治的背景」8月3日〈http://business.nikkeibp.co.jp/article/world/20110729/221757/〉。

日本貿易振興機構編［2015］『ジェトロセンサー』日本貿易振興機構。

ネットワークお助けマニュアル〈http://www.aibsc.jp/joho/otasuke_m/basic/index.html〉。

ヒューマンメディア［2013］「クール・ジャパン戦略データベース（国内編）」『日本と世界のメディア×コンテンツ市場データベース2013』ヒューマンメディア。

福田充［2015］「「報道の自由度」ランキング、日本はなぜ61位に後退したのか？」3月4日、THE PAGE〈http://headlines.yahoo.co.jp/hl?a=20150304-00000004-wordleaf-pol〉

水越伸［1993］『メディアの生成—アメリカ・ラジオの動態史』同文舘出版。

むすびめの会編［1995］『多文化社会図書館サービスのための世界の新聞ガイド—アジア・アフリカ・中南米・環太平洋を知るには』日本図書館協会。

リサーチバンク［2013］「ラジオに関する調査。ラジオを週に1回以上聴く人は30%。」9月25日〈http://research.lifemedia.jp/2013/09/130925_radio.html〉

ASEAN PORTAL〈https://portal-worlds.com/〉。

Freedom House［2015］「Freedom on the Net 2015」〈https://freedomhouse.org/report/freedom-net/freedom-net-2015〉。

GigaziNE［2013］「テレビ・放送業界がアメリカでも衰退している証拠とその原因」11月26日〈http://gigazine.net/news/20131126-death-of-tv/〉。

International Telecommunication Union（ITU）「Percentage of Individuals using the Internet」。

IT pro［2015］「中国、インターネットサービスの実名登録を義務づける新規制」2月5日〈http://itpro.nikkeibp.co.jp/atcl/news/15/020500424/〉。

NHK放送文化研究所編［2015］『NHKデータブック 世界の放送2015』NHK出版。

media pub［2013］「メディア接触のトップ交代、TVからデジタルメディアへ、PCからモバイルへ」8月2日〈http://zen.seesaa.net/article/370909690.html〉。

第**4**章

企業の
戦略フェーズを
考察する

1 デルタモデルの活用

　本章では経営の視点に立ち、「企業は何ができるのか」ということを提示していく。消費者行動において差異はあるが、経済の成長水準、消費者の購買力の成長という面で、近い未来のインドネシアと現在の中国には一定の共通性がある。そのため中国市場で得た知見は未来のインドネシア市場で戦っていく際に大きな武器となるはずだ。

　本章ではさまざまな産業において経営の視点に立ち、中国での知見を活かしたインドネシア戦略を例示していく。具体的には第1次産業として水道インフラ、第2次産業として自動車、第3次産業としてファスト・フードを取り上げ、後述するデルタモデルというフレームワークに当てはめることで、中国での学びをインドネシアに活かす方法を提言していく。各産業における戦略を考えるうえで最も重要なフレームワークとしてデルタモデルを用いる（**図表4-1**）。デルタモデルは、MIT スローン経営大学院のアーノルド・C.ハックスとコンサルタ

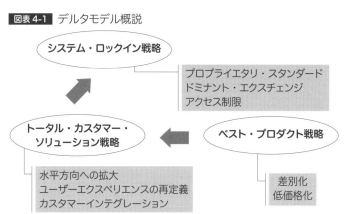

図表4-1 デルタモデル概説

出所：N's Spirit 投資学・経営学研究室「デルタモデル」〈http://www.nsspirit-cashf.com/manage/delta_model.html〉をもとに筆者作成。

ントのディーン・L.ワイルド［2007］が提言した企業戦略策定手法である。これは、これまで最も影響力のある戦略フレームワークの1つとされてきたマイケル・E.ポーターの競争戦略「5つの競争要因」では21世紀の企業戦略を策定するのに不十分、という考えのもと考案されたフレームワークである。

デルタモデルの特性として①外部企業との関係も戦略として解釈できる、②プロダクトの品質のみならず顧客を囲い込む「システム」の品質も評価できる、③大衆消費者が存在しない産業も並列で分析することができるなどの点が挙げられる。

(1) デルタモデルにおける3つの戦略

デルタモデルにおける3つの戦略は「ベスト・プロダクト（BP）」「トータル・カスタマー・ソリューション（TCS）」「システム・ロックイン（SL）」である。これらの3つの戦略では、従来型の戦略における「競合他社は敵」という発想を放棄し、「カスタマー・ボンディング（製品やサービスを通じた顧客や補完事業者＊との絆の構築）」が重要であると考える。

以下で、3つの戦略ポジションに関して説明をしていく。

＊ 補完事業者：直接的また間接的に、自社商品の価値を高めるような商品の
提供者

①ベスト・プロダクト(BP)戦略―製品志向―

ベスト・プロダクトとは、従来型と同じく製品を中心とする戦略である。製品特性は低コスト化と差別化によってもたらされるという考えで、より良い製品を作ることで競合他社に打ち勝つことを目的とする。この場合、製品はたいてい標準化され、単独で販売される。この戦略の弱点はカスタマー・ボンディングがほとんど構築されず、競合他社の新規参入による脅威に対して非常に脆弱であることが挙げられ

第4章
企業の戦略フェーズを考察する

125

る。一方で、最も幅広く採用されている戦略でもある。主に以下の2つの手法を用いて、実現される。

- 低価格製品により価格優位性を築く。
- 製品を差別化する。

②トータル・カスタマー・ソリューション（TCS）戦略─顧客志向─

　トータル・カスタマー・ソリューションは、顧客を中心とする戦略である。端的に説明するならば、ユーザー・エクスペリエンス（UX）の向上により顧客を囲い込むことを目的とする。自社だけでなくほかの供給業者とも連携し、顧客が自ら経済価値を見出せるような商品と販売システムを設計することで、顧客の満足度を高め、顧客とのつながりを強化する。主に以下の3つの手法を用いて、実現される。

- 顧客経験の再定義：顧客にとってプラスになる「経験」を改めて定義し、そこにアプローチすることで顧客満足度を高める。
- 水平方向への拡大：関連サービスを統合することで顧客の利便性を高める。
- カスタマー・インテグレーション（顧客活動の引き受け）：顧客が行っている活動をより効率化して引き受けることで、顧客のコストパフォーマンス向上に寄与する。

③システム・ロックイン（SL）戦略─システム志向─

　システム・ロックインは、システムを中心とする戦略である。商品価値の向上、顧客のUX向上に加え、自社商品の販売システムを強化することで、競合他社を締め出すことを目的とする。これができれば、企業は市場において支配的な地位を確立できる。主に以下の3つの手法を用いて、実現される。

- アクセス制限：競合が簡単に入ってこられないように、商圏のチャネルや市場規模の大部分を押さえ込んでしまう。

- ドミナント・エクスチェンジ（顧客の仲介）：売り手と買い手を仲介する機能を独占し、自社の仲介なしでは顧客が物の売り買いをできないようにする。
- プロプライアタリー・スタンダード（自社製品による標準化）：自社の商品規格を業界標準にすることで、補完事業者を囲い込む。

2 ファスト・フード産業における デルタモデル視点での分析

(1) 新興国における市場フェーズ

　最初に第3次産業の代表例としてファスト・フード産業について考えてみたい。ファスト・フード（以下FF）とは何だろうか。本来、FFという業態は、時間はないが腹を満たしたい顧客に対して「安い」「速い」「うまい」商品を提供し、高回転率を実現することにより利益を獲得する、というアメリカ発祥のビジネスモデルである。

　しかし近年このビジネスモデルとは反する現象が、特に新興国のFFにおいて発生している。その国の可処分所得を考えれば決して「安い」とはいえない外資系FFが爆発的に普及しているのだ。平均月収2万円程度のインドネシアで、セット価格で300円程度のKFCが広く受け入れられている。現在の日本の物価で考えれば、10倍程の感覚ということになる。この事例から、特に新興国に外資系のFFブランドが参入する際には、「安い」が必要不可欠ではなく、FFの三原則が崩れていることがわかる。これは顧客が外資系FFで食事をするという「経験」に価値を感じているというのが主な理由であろう。

　この現象を踏まえると、デルタモデルにおけるTCS戦略の重要性がよく理解できる。「安い」「速い」「うまい」という、プロダクトの差別化や低価格戦略を主眼に据えるBP戦略ではなく、さらに一歩進ん

第4章
企業の戦略フェーズを考察する

127

で、「経験」に着目し、新市場における顧客の消費体験の再定義を行うのが TCS 戦略ということである。

(2) 中国市場

①欧米型展開戦略の成功

まず中国市場における欧米系 FF チェーンの参入戦略についてデルタモデルを参照しながら検討してみたい。代表的な事例としてケンタッキーフライドチキン（以下 KFC）である。KFC はいち早く中国市場に参入したパイオニアである。1987 年に北京に進出した KFC は、現地の「鶏肉好き」の食嗜好という恩恵も受け、順調にその出店数を伸ばし、2012 年時点でその数は 4000 店を超えた。中国料理協会が2010 年に選出した「中国ファスト・フード企業トップ 50」では、KFCを傘下に抱えるアメリカのヤム・ブランズが、堂々の 1 位となった。

KFC が中国で成功した理由として、他国への海外展開の経験により蓄積されたノウハウを活用したことが挙げられる。KFC を始めとする多くの大手 FF 企業は、過去の海外展開戦略のなかで自社にノウハウを蓄積し、そのメソッドを活用していくことで、失敗しない海外展開を行っている。

②日本式拡大戦略を探る―味千モデルの有用性―

欧米系企業とは異なる戦略を用いて、中国市場で成功を収めた日本の企業もある。それが味千ラーメンだ。味千ラーメンは、熊本県内に102 店舗（2010 年 7 月時点）を展開するラーメンチェーン店である。全世界には約 700 店舗を展開しており、味千ラーメンが出店店舗数を増やしてきたノウハウを知ることは、FF 産業のみならず外食産業全般の輸出を考えるうえで、有益な示唆を与えてくれる。1968 年に重光孝治氏が地元である熊本県で営業を始めた味千ラーメンは、フランチャイズ契約により国内で店舗数を拡大した。そして 1994 年、台湾

のある現地企業から提案をもちかけられたことをきっかけに海外進出を試みた。しかし、初の海外展開である台湾への出店は失敗に終わった。

　重光氏は後にこの台湾進出失敗の原因について著書の中でこう述べている。「台湾側の企業との合弁契約時に、経営については台湾側に一任し、味・品質・店舗づくり・従業員教育などに関しては日本本部が全面的に支援する旨を決めたが、しばらくして日本本部側の管理が薄れると、効率を求めた現地店舗によるオペレーションの変更や、重光氏の反対を押し切る形での麺の変更が発生し、味が悪化した。それが失敗の原因である。」（重光［2010］）。本部側の努力も功を奏さず1998年には合弁解消となった。

　重光氏はこの台湾進出の失敗から、味とオペレーションに関しては常に自社で責任をもつ必要性を強く認識した。そして、次に中国の企業家から中国進出の提案をもちかけられた際には、日本本部側は定番メニューの味とオペレーションの管理に関してのみ責任を負うことを決め、店舗づくりや出店場所、メニューの追加など、それ以外の部分に関しては、すべて中国のパートナー企業に任せることを条件とした。日本本部側の出資比率も台湾進出時には4割であったが、中国進出時には1割まで減らし、日本側の権限の幅を大きく減らした。その結果、台湾進出時と比べて負担が軽くなった日本本部側は、味とオペレーションの管理に専念することができるようになり、現地デベロッパーとの交渉や、中国文化への適応など、自社でノウハウをもたない分野に関しては、パートナー企業に任せる分業体制を築いた。

　ビジネス上の交渉にとどまらず顧客の体験を設計するうえでも現地パートナーは非常に有効だ。中国の飲食業界に関していえば、店内は黒色などのシックな色合いが好まれることや、席間の間隔は日本に比べて狭くても良いこと、家族での食事が好まれること、日本食に対して信頼感があることなど、日本人の目線だけではわからない現地独自

第4章
企業の戦略フェーズを考察する

の習慣や嗜好に関するノウハウも現地パートナーが補ってくれる。

その結果、味千ラーメンは迅速な多店舗展開に成功し、中国料理協会が2010年に選出した「中国ファスト・フード企業トップ50」においてKFC、マクドナルド、台湾のDicosに次ぐ第4位を獲得するまでに成長した。

ここに日本企業が、海外展開に成功できる戦略の一例を見ることができる。味千ラーメンのように、展開先の消費者文化や商習慣をよく知る相手とパートナーとなり、顧客に「現地の習慣に合わせた経験」を届け、浸透、拡大していくパートナー主導型の経営戦略だ。欧米企業が採用する自社主体の戦略とは異なるこの「味千モデル」も、海外展開の際の1つの有効な手段であろう。

(3) インドネシア市場

①欧米系企業から学ぶ「現地の習慣に合わせた経験」の届け方

次に、インドネシアのFF業界についても同様に考えてみよう。特に欧米系企業がどのように「現地の習慣に合わせた経験」を提供しているのかに注目したい。

1つ目は、WiFiの利用である。第3章で前述したようにネットインフラが未熟なインドネシアでは、安定してインターネットが使える場所に対するニーズが多い。そのため特にカフェにおいて、日本以上にWiFiが備わっているかどうかや、スマートフォンを充電するためのコンセントが設置されているかどうかが、入店の選択基準として重要なのだ。欧米系のFFチェーンは全世界の店舗でWiFiの提供を行っているが、特にインドネシアにおいてこのサービスは顧客体験の向上に直結している。

そして、2つ目は宗教に関するものだ。インドネシアに暮らす人々の約90%がイスラム教徒であり、それにともない、食に関しても宗教的制約がある。たとえば、イスラム教では豚肉や犬肉はハラム（不浄

なもの）とされ、口にすることを禁じられている。そこで現地の人々が安心して飲食を楽しめるようにハラル認証（イスラム教の戒律に則って食の安全を保障する認証）を獲得することが求められる。かつて味の素がインドネシア向けの加工工場のラインの１つで豚由来の酵素を使用したということで現地法人の日本役員が逮捕された事例もある程にハラル・ハラムは繊細な問題であり、外食産業にとっては避けては通れない問題であろう。一度公式に認められれば、インドネシア市場だけでなく、ほかのイスラム教国家へ進出するための武器ともなる。

またインドネシアの食習慣の特徴として、ハラムである豚肉の代わりに鳥肉を好むこと、揚げ物をおかずにナシ（インドネシアで主食として食べられる白米）を食べることが挙げられ、KFCではフライドチキンと白米をセットにしたメニューも開発している。マクドナルドでもフライドチキンと白米のセットを販売しており、現地で「KFCとマクドナルドのチキンは同じ」というジョークがある。

イスラム教の宗教的制約はハラル・ハラムに関するものだけではない。イスラム教徒は１日に５回礼拝を行う必要があり、それに対応する設備が必要となる場合もある。これを受けてKFCやマクドナルドでは祈禱室を併設している店舗があり、顧客の宗教的習慣を店舗にいる間も妨げないような配慮がなされている。

このようにインドネシアに進出する欧米系企業も、新たな市場で顧客のニーズや顧客経験を国ごとに再定義することで、顧客との結びつきを強めることに成功している。BP戦略にとどまらないTCS戦略の成功例といえるだろう。

②インドネシアにおける日系FF企業の現状

一方の日本企業は、インドネシア市場に対してどう対応しているのだろうか。ここでは吉野家と丸亀製麺を取り上げる。

吉野家は、2010年にインドネシアに進出した。しかし、実はこれは

2度目のインドネシア進出であり、1994年に一度参入したものの、アジア通貨危機の影響を受け1998年に撤退した。二度目の参入である今回は、ハラル認証を受け、1号店をジャカルタ内の巨大ショッピングモール「グランド・インドネシア」内に構えた。メニューや価格帯は日本とあまり変わらないが、牛丼以外に鳥肉を使用したどんぶりや、トッピングとして揚げ物を選べるなど現地文化に合わせた工夫が図られている。ジャカルタ内の吉野家の出店は祈禱室やWiFiがあらかじめ備わったショッピングモールにかぎられているため、設備面での投資が不要でありショッピングモールの強みを活かした市場参入であるといえる。

　丸亀製麺についてはどうだろうか。13年にインドネシアに参入した丸亀製麺は、今インドネシアで最も勢いのあるFFの1つに数えることができる。丸亀製麺も吉野家と同じくショッピングモールを中心に展開しており、その人気は連日行列ができる程だ。筆者らが現地に調査に行った日も多くの現地の人々が行列を作っていた。インドネシアで丸亀製麺が人気を集める理由はさまざまなものが考えられる。うどん自体の目新しさに加え、顧客の目の前でうどんを作り、できたてを提供するオペレーションはジャカルタの顧客に安心感を与える。そして揚げ物文化が非常に強いジャカルタではトッピングの揚げ物が人気だ。さらに、揚げ物の油を現地の文化に合わせてパーム油に変更していることや、辛いものが好きなインドネシア人の味覚に合わせてチリソースを卓上に用意しているなど、インドネシア人の口に合わせるような工夫をしていることも成功の理由であろう。

　しかし、吉野家、丸亀製麺の成功要因の大半はプロダクトにかかわるものであり、前述のデルタモデルに則ればBP戦略の範疇といえる。今後インドネシア市場が成熟していくなかで、やはりTCS戦略が求められてくることを考えると、欧米企業のように自社で顧客の体験価値を向上させるノウハウを蓄積していくことが求められるはずだ。欧

米系の企業のように TCS 戦略のフェーズへと移行し、他社に先駆けて手を打っていくためには、自社で、顧客体験を向上させるためのノウハウと、そのノウハウを蓄積するための方法論を保有する必要があるだろう。

3 自動車産業における デルタモデル視点での分析

　次に、第 2 次産業の代表例として、自動車産業に着目し、中国とインドネシアにおける企業の戦略フェーズを考察してみたい。

　世界の自動車産業の勢力図は。長年にわたって続いてきたアメリカ・ゼネラル・モーターズ（以下 GM）を首位とする競争構造は終焉を迎え、現在ではドイツ・フォルクスワーゲン（以下 VW）とトヨタ自動車の 2 強争いが注目を集めている。2013 年にはトヨタ自動車が、2014 年には VW がそれぞれ世界販売 1000 万台を達成した。世界販売台数では肩を並べることになったトヨタと VW だが、正面からぶつかり合う市場は少なく、両社が販売台数を稼ぎ出す地域は異なる。トヨタの主力地域は日本・北米・東南アジアが多い。一方で VW は欧州と中国だけで全体の 7 割以上を占める。VW が近年急速に世界におけるプレゼンスを上げてきたのは、中国市場における大きなシェアの獲得およびその中国市場自体の成長にともなう伸びによるところが大きい。また一方で、トヨタは次なる巨大市場の可能性を秘めたインドネシアにすでに進出し、地盤を固めてきている。自動車産業において、「中国を制するものは世界を制する」といわれてきたが、10 年後は「インドネシアを制するものは世界を制する」といわれる時代も来るかもしれない。それほどまでにインドネシアの市場は潜在性を秘めている。中国市場が現在に至るまでどのように発展してきたかを分析し、インドネシア市場における今後の発展過程に活かせるかどうかを再検討して

第4章
企業の戦略フェーズを考察する

133

いこう。

（1）中国市場

①操作された世界最大の市場

　中国の自動車産業は、改革・開放以来、急成長を遂げた。1978年当時、中国の国内自動車生産台数は15万台ほどしかなく、そのほとんどがトラックを占め、乗用車はわずか2,640台であったが、1992年に初めて生産台数100万台を超え、その後、2001年のWTO加盟により市場は大きく伸びた。2009年には販売台数1000万台を達成し、アメリカを抜いて世界最大の自動車市場となった。さらに、その後も中国自動車産業の拡大は続き、2013年には生産・販売ともに2000万台を超える市場となり、現在も成長を続けている。中国が現在の巨大市場へと急速に成長した背景には、政府による積極的な自動車産業政策がある。ここでは、中国の自動車産業の発展を大きく3つの段階に分けて考える。それぞれの段階における中国の自動車産業の発展過程を歴史的背景・自動車産業政策から振り返り、自動車産業政策に含まれる政府の意図を探ってみたい。

ⅰ）外資導入の初期段階（～1993年）

　1978年、鄧小平は自動車産業を中国の基幹産業にすることを明確にし、国内の自動車メーカーに対して、海外の先進的な技術の導入や合弁会社の設立を奨励した。自国産業の発展を政策的に支援し始めたのである。それにより、北京ジープ、広州プジョー、上海VWなどの外資系合弁企業が誕生した。1989年には国内メーカーの育成を目的に「三大三小二微」という自動車産業政策（中国の自動車メーカーを大型車3社、小型車3社、軽自動車2社に統合する政策）が打ち出された（**図表4-2**）。この政策により中国政府はこれら8社を乗用車生産拠点として、重点的に発展させる方針を定めたのである。

図表4-2 三大三小二微メーカー

メーカー	設立	外資	形態
三大メーカー			
一汽VW	1990年	VW	合弁
上海VW	1984年	VW	合弁
神龍汽車	1992年	シトロエン	合弁
三小メーカー			
北京ジープ	1983年	AMC	合弁
広州プジョー	1985年	プジョー	合弁
天津汽車	1984年	ダイハツ	技術援助
二微メーカー			
長安鈴木	1993年	スズキ	合弁
貴州航天	1992年	富士重工	技術援（後に合弁）

出所：丸山 [1997]。

ⅱ）外資の進出ラッシュ（1994～2000年）

　1994年7月に発表された「自動車工業産業政策」では、2010年までに自動車産業を国家の支柱産業にする目標を掲げた。この政策では、外資合弁に関する規約（出資比率は最大50％、合弁設立は外資企業1社に対して地場企業2社までと制限）を定め、外資を積極的に活用する政策を推し進めた。また同政策において、中国政府は、中国の地場メーカーだけでなく、中国に進出している外資メーカーにも、国内に研究開発機構を設けて製品開発を行うことを奨励する、と発表している。同政策が発表されてから数年、中国の自動車産業は停滞期に入ったが、その後大手自動車メーカーのGMとホンダなどが中国に進出し、2000～2003年の間に市場は大きく拡大した。同政策には、中国政府による地場メーカー育成の意図を読みとれるが、実際に2000年頃になると中国の地場メーカーが急速に存在感を出し始める。これ

第4章
企業の戦略フェーズを考察する

135

は、政策の意図が反映された結果であると想定できる。

iii）全面的なグローバル化（2001 〜 2008 年）

2001 年の WTO への加盟にともない、トヨタや現代などの外資メーカーによる積極的な参入が行われた。これらの外資提携に促され、中国市場は急激に成長し、マイカーブームを迎えた。

2004 年に発表された「自動車産業発展政策」では、国産自主ブランドと自主技術の研究開発を促進し、国内市場での競争力アップと、海外市場への積極的な進出をサポートする政策が強調された。

第一汽車、上海汽車、東風汽車の 3 社を重点的に育成して、業界の再編を図った。

iv）世界最大の市場時代（2009 年〜）

2008 年のリーマンショックによる市場の停滞に対する景気刺激策として、中国政府は 2009 年に「自動車産業調整と振興計画」を発表した。その内容は、農村への自動車普及を拡大する「汽車下郷（農民向けの自動車補助金制度）」、従来農用車といわれていた旧型車を新型車に置き換える「以旧換新（買い替え促進制度）」や、小型車の優遇、自動車産業の再編推進、自主創新、自主ブランド、新エネルギー車など多岐にわたるものであった。この政策により、2009 年、2010 年の市場規模は大幅に拡大したほか、乗用車比率の増加や地場メーカーのシェア向上などにつながった。

②地場メーカーの台頭

世界最大規模の中国市場で競争を繰り広げる主なプレイヤーは**図表4-3、図表 4-4** のとおりだ。中国市場で圧倒的なシェアを誇るのがVW で、それに続いて GM、現代自動車、トヨタ自動車という順のシェア配分となっている。日系メーカーが必ずしも中国市場で成功し

図表4-3 中国における自動車メーカーの市場シェア（2012年）

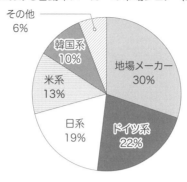

出所：趙［2013］。

ているとはいえない。とはいえ、各国を代表する自動車メーカーが均等に配分されているのがわかり、明らかに政府によるきめ細かい市場調整が実施されていることがうかがわれる。また、もう1つ特徴的なのが、市場シェアの3割を占めるのが中国地場メーカーである。その中心を担うのが上海汽車や長安汽車といった政府が力を入れて育成してきた地場メーカーであり、これは中国政府の自動車産業政策下における外資提携にともなう成長の結果とも見られる。

中国系の完成車メーカーは120を超え、部品メーカーは2000を超える。メーカー同士の吸収・合併や外国企業との合弁・提携も盛んで、すべてのメーカーを把握することは難しい。そのなかでも中国政府により重点的に育成されてきたのが、三大大手自動車メーカーの第一汽車・東風汽車・上海汽車である。第一汽車は中国最初に設立された自動車メーカーで、かつてはトラックで業績を伸ばしていたが、現在は乗用車から商用車までを幅広く製造している。また、VW・トヨタ・マツダなどと提携しており、各社の車両をベースにした生産も行っている。東風汽車は、中国で2番目に設立された自動車メーカーで、かつてはトラックの生産を主としていたが、現在では大型トラックやダンプに加え、乗用車も多く生産している。プジョー・ルノー・起亜・

図表 4-4 ブランド別販売台数ランキング（2014年）

	万台
1. VW	271
2. 五菱	140
3. 現代	112
4. 長安	98
5. トヨタ	96
6. 別克	92
7. 日産	86
8. Ford	80
9. ホンダ	80
10. Chevrolet	77
11. 起亜	65
12. 東風	56
13. Audi	51
14. 奇瑞	48
15. BYD	44
16. 哈弗	43
17. 吉利	43
18. Pugeot	38
19. CITROEN	32
20. 北京汽車	30
21. SKODA	28
22. BMW	28
23. スズキ	26
24. MAZDA	20
25. 江淮	18
26. 長城	18
27. 宝駿	18
28. 海馬	18
29. 奔騰	18
30. 力帆	17
31. 衆泰	17
32. BENZ	14
33. 中華	14
34. 栄威	13
35. 広汽乗用車	12
36. 啓辰	11
37. 幻速	8
38. 三菱	7
39. Fiat	7
40. 蓮花	6

出所：21世紀中国総研［2015］P.65。

日産・ホンダなどと提携している。上海汽車は外資との合弁に積極的で、特にVWやGMと提携関係にあり、サンタナやビューイック、シボレーなどの人気車種を生産している。特にサンタナは公用車やタクシーとして多くのシェアをもっている。これらの中国大手・準大手企業は、政府による自動車産業政策の手厚い保護と外資との合弁により、その生産規模を拡大してきた。

　一方で、この世界最大の市場を狙って多くの外資メーカーが参入しており、まさにグローバルな競争が繰り広げられている。中国での販売台数を伸ばしたい外資メーカーにとって、中国では輸入車の関税が高いため現地生産を行った方が効果的なのだが、中国政府の外資規制により、現地生産を行うためには中国の地場メーカーと出資比率50：50の合弁会社を設立することが義務づけられている。このような環境下で、外資メーカーはそれぞれの戦略をとってきた。

　改革開放後、まだ中国の市場規模が50万台にも満たない頃、中国政府は自動車産業を国家の基幹産業にすることを見据え、自動車の国

産化を目指していく。世界の各国メーカーは将来の中国市場の潜在性を意識し始めるものの 1980 年代は時期尚早として本格参入しなかった。日系メーカーを代表するトヨタ自動車も同じく、中国政府からの合弁企業設立による進出を要請されたものの、当時まだ市場規模の小さい中国市場よりも勢いのあったアメリカ市場への投資を優先し、断ったという過去がある。ところが、その時期に本格的に参入していったのが VW であった。

1984 年に上海汽車との合弁会社「上海 VW」を設立し、1985 年からサンタナ（のちに国民車となる）の生産を開始した。1991 年には、第一汽車との合弁会社「一汽 VW」も設立した。2014 年の中国国内市場における販売台数は上海 VW が約 173 万台で第 2 位、一汽 VW が約 178 万台で第 1 位となっている。VW は 30 年も前から積極的に投資を続け、生産拠点から販売網までバリューチェーンの各ステップで現地生産を進め、現在もさらなるシェア拡大のために生産能力の増強や研究開発能力の向上を図っている。同社は 2019 年までに生産能力を 4 割増しの 500 万台へ引き上げる方針だ。このように、VW が中国で高いシェアを維持できている理由には、早期進出による先行者利益、政府との太いパイプに加え、徹底的な現地生産を進め、全工程をすべて中国で行えるように投資することで、現地ニーズに合致した自動車作りを実現できたことが考えられる。この VW に続いて高いシェアを占めるのが GM である。GM は 1999 年に上海汽車と合弁会社「上海 GM」を設立し、中国での事業を開始した。GM も VW と同様、中国市場に積極的に投資してきて、2018 年までに中国での生産能力を現在の 350 万台から 500 万台に引き上げる計画である。

一方、トヨタ自動車は、1980 年代の中国政府からの進出要請を断ってから、初めて中国市場に本格参入したのは 2002 年である。この時期には、WTO 加盟での市場開放により、トヨタだけでなく日産や現代自動車などの多くの外資メーカーが中国へこぞって参入した。トヨ

タは 1970 年代から技術交流などで接点のあった第一汽車集団（上海汽車集団や東風汽車集団とともに「三大集団」を形成する中国の有力自動車メーカー）との戦略的かつ長三大な共同事業の関係を構築することで基本合意し、2002 年に第一汽車との合弁会社「一汽トヨタ」を設立した。2004 年には広州汽車との合弁会社「広州トヨタ」を設立し、本格的に生産・販売を始めた。早期進出し、中国の自動車産業の発展・雇用創出に貢献してきた VW に比べ、トヨタは早期進出を断った確執や不安定な日中関係の影響により、思うようにシェアを拡大できないでいる。それも先述のとおり、中国政府と自動車産業政策は密接にかかわり合っており、自国の自動車メーカーの発展のために、外資からの技術提供を強く要求しているためだ。このように複雑に政府介入のある市場において、日系メーカーが慎重な姿勢を示すのも無理はない。

③生き残りをかけた市場の取捨選択

　政府により操作される市場において、今後中国の地場メーカーが台頭してくるなか、日系メーカーがどう生き残るかという方法についてデルタモデルを用いて考えてみよう。

　中国市場では、VW と GM が早い段階で市場参入し、大規模投資を惜しみなくやってきた。その分、生産拠点から販売網まで充実させ、顧客のニーズに応じた販売体制をとることができている。また、VW に関しては、30 年も続いている政府との太いパイプを有している点で補完事業者を取り囲んだ戦略に成功している。この点において SL 戦略が成功しているといっても過言ではない。一方で、中国市場では、外資参入の合弁企業数が制限されていたり、政府が積極育成する地場企業との合弁関係が有無をいったりと、政府による市場操作が行われている。このような市場においては、政府によるより強力な力が市場に働き、外資企業の SL 戦略は人為的に崩される可能性もある。した

がって、後発の日系メーカーがシェア拡大を図るには、政府による政策の意図を摑んで的確に対応し、SL戦略をとる外資他社がかき乱されている間に隙を突くことが重要になってくる。しかし、政府の保護を受ける地場メーカーの台頭により市場シェアの縮小を余儀なくされたときは、市場を撤退するか、市場を取捨選択して効率的に中国市場を攻めることも必要になってくるだろう。

(2) インドネシア市場

　インドネシアの自動車産業は、スハルト体制下においてインドネシアの経済成長を支えてきた主要産業の1つであり、政府の政策によって積極的に育成されてきた（**図表4-5**）。しかし、1997年のアジア通貨危機や2009年のリーマンショックの影響、また政府による金融政策や燃料政策の影響を受けて、2010年までは幾度か自動車販売台数が急激に低下するなど、他国に比べると非常に乱降下の激しい市場であった。しかし、2010年には一般的にモータリゼーション到来の基準とされる1人当たりGDP 3000ドルを突破し、その市場規模は順調に拡大し続けた。2011年には、タイを抜き、インドネシアがASEAN最大の自動車市場となった。2015年現在、その人口規模と経済成長から潜在力をもった市場として、自動車の生産拠点としてだけでなく、販売拠点としても注目を集めている。

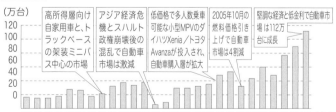

図表4-5 インドネシア、自動車市場の長期推移

出所：FOURIN「インドネシア自動車・部品産業2014」2014年1月号。

まず、インドネシアの自動車市場の変遷を歴史的背景・自動車産業政策との関連から見てみよう。インドネシアの自動車産業は1999年を境に、大きく2つの時期に分けることができる。

①保護されてきた自動車産業（〜1998年）

　この時期のインドネシア自動車産業には、国内産業保護政策の一貫として、国産化インセンティブ政策がとられてきた。1970年代は自国の自動車産業を発展させる初期段階として、輸入車の規制や国産化が導入された。この時期、インドネシア政府は部品を輸入し現地で組み立てて販売するというノックダウン方式を推奨し、その後、さらなる自動車産業の育成のため完成車の輸入禁止と国産化規制を行った。1980年代には、国産化規制の強化として、エンジンなどの機能部品の国産化が義務づけられた。1994年、1996年と続いて発令されるインドネシアの国産化政策にあわせて、早期進出していた日系メーカーは国産化を促進するために、国内の部品産業を育成するなどして多大な努力を行った。これにより国内の部品産業は活性化した

②新自動車産業政策以降の自動車産業（1999年〜）

　ところが、1997年のアジア通貨危機によってインドネシア経済は深刻な影響を受け、それまでのスハルト体制下で育成されてきた自動車市場は大幅に落ち込んだ。また、2000年までのWTOによる国際的な自由化の流れもともない、自動車産業もこれまでの国内産業保護政策から方向を転換し、海外からの経済支援と引き換えに自由化を容認した。1999年7月インドネシア政府は「新自動者産業政策」を発表し、長期的に効率的かつ国際競争力のある自動車産業を育成することを目標とした。それまでの国産化に応じた部品輸入関税のインセンティブ政策はWTOにより協定違反とされたため本政策において撤廃、完成車関税、輸入関税、部品輸入関税によってのみ、国内産業が保護され

る形となった。また本政策で、新しく定められた育成の重点分野は、部品産業、車両総重量5トン未満の小型商用車、1500cc以下の乗用車、二輪車の4分野である。2000年代に入ると、AFTA（ASEAN自由貿易協定）やWTOなどの国際的な自由化の流れに従って、基本的にコストとクオリティ勝負の自由競争の時代に入った。

③日本車寡占市場

この130万台規模に到達したインドネシア市場を担う各メーカーの新車販売シェアは**図表4-6**のとおりである。見てわかるように、日本車の市場シェアが9割以上にのぼる。中国に見るような世界の大手メーカーの存在感は薄く、日本車の独占市場といっても過言ではない。

またメーカー別で見れば、トヨタ自動車（ダイハツを含む）が市場シェアの5割以上を占め、その後を追うように日系各メーカーがシェアを奪い合っている構図である。一方、中国市場で大規模な投資を行い、存在感を発揮していたVWやGMなどの欧米メーカーは、インド

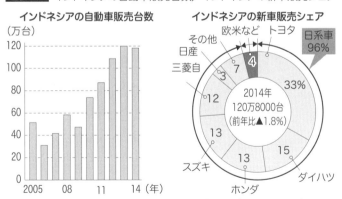

図表4-6 インドネシアの自動車販売台数／インドネシアの新車販売シェア

出所：インドネシア自動車製造者協会（GAIKINDO）ウェブサイトの年次データをもとに筆者作成〈https://www.gaikindo.or.id〉。

ネシア市場においては大規模な投資はしておらず、存在感は薄い。

　日系メーカーのインドネアシアにおける事業活動の歴史は古く、1970年代からトヨタやホンダなどの日系メーカーがインドネシアに進出している。それ以来、市場の拡大や現地での政策にあわせて、技術移転をしながらインドネシアの産業の発展を支えてきた。その結果、2015年現在では、インドネシアにおける自動車市場のシェアは9割以上が日本車である。

　この市場において日本車が強い理由として5点考えられる。1点目は、早期進出による先行者利益が大きかったこと。2点目は、インドネシアの自動車産業をともに開拓していくなかで、雇用を生み出し経済発展に寄与したことにより政府からの信頼も厚いこと。3点目は、幾度の市場の落ち込みに際して市場撤退する企業もいるなか、撤退せずに投資し続けたこと。4点目は、日系の部品メーカーの集積が進んでいること。つまり、インドネシアの国産化政策によって早くから進出していた部品メーカーや、1990年代半ばに相次いで進出してきた部品メーカーによって、完成車メーカーが部品の現地調達で生産コスト削減による優位性を築けること。5点目は、日系メーカーが長年にわたって築いてきた生産・販売網がインドネシアに着実に根づいていること。長年にわたり地道に築き上げてきたバリューチェーンは高い優位性をもっている。

　現在インドネシア市場において活躍する日本メーカーのなかでもシェアの半分以上を所有しているトヨタ自動車のインドネシア進出・オペレーションについて具体的に見てみよう。トヨタは1970年にインドネシアの自動車販売最大手であるアストラ・インターナショナルとの合弁でインドネシア市場に参入した。当時は生産と販売が一貫の会社として設立し、トヨタが49％、ローカル資本が51％出資していた。しかし、その後2000年代前半に現地パートナーであるアストラ・インターナショナルの経営が傾き、生産会社と販売会社を別にした。

これにより、生産会社である TIMMIN をトヨタ90％、ローカル資本10％の割合で設立し、販売会社である TAM は以前と同じトヨタ49％、ローカル資本51％の出資比率で設立した。

会社の運営上はイコールパートナーでやろうということになっており、役員も同数の6名ずつで、社長は4代目まではトヨタから、その後はアストラから社長を、トヨタから副社長を出す体制が続いている。

またトヨタは2013年に年産7万台の第2工場を開設し、1998年に生産を開始した第1工場と合わせると年産20万台の生産拠点を有している。これらの工場は輸出拠点としても活用しているが、タイと比べてもまだ生産規模は小さく、国内市場向けの生産が8割を占めている。今後も内需の拡大にあわせた生産拡大が基本方針である。

トヨタがこれまでインドネシア市場において高いシェアを確保し成功できた要因として、早期参入による先行者利益のみならず、強力な現地パートナーと関係を築けたこと、のちにインドネシアの国民車と呼ばれる現地生産車「キジャン」を開発し売れたこと、現地のニーズに合わせた商品を投入してきたことなどが挙げられるだろう。

(3) 操作されない市場での自由競争のゆく末 —10年後のインドネシア自動車市場はどうなるか—

中国とインドネシアの自動車産業における発展過程を、歴史的背景や政策の視点から比較してきたが、最後に、10年後も日系メーカーがインドネシア市場で勝ち残るためには、どのような戦略が必要かについて、これまでの論旨も含め考察をしてみたい。

①外部環境

両国の政府とも自動車産業を国家の経済を支える基幹産業と認識し、自動車産業全体を育成するためにさまざまな政策をとってきたことがわかる。しかし、中国とインドネシアによる政府の介入の仕方に

大きな違いが出たのは、自国の自動車メーカーの育成という点だ。イ
ンドネシアでは国産化率を維持することを基本政策としているが、中
国の場合は、国産化を奨励するだけでなく、外資による積極的な技術
移転を促し、合弁会社により地場メーカーへノウハウを蓄積させよう
とする動きが見られた。中国は今後、外資メーカーとの合弁生産から
着実に蓄積した技術・ノウハウを武器に中国の完成車メーカーとして
独り立ちし、世界で通用する国際競争力をもった自国メーカーを育成
するだろう。一方、インドネシア市場は基本的に自由競争の世界であ
る。その市場において、現在日系メーカーが強い基盤を確立している
ことは今後の競争力を下支えするはずだ。

②デルタモデルの活用

　このような外部環境の変化のなか、日系自動車メーカーが 10 年後
もインドネシア市場で勝ち続けるために何をするべきだろうか。イン
ドネシアにおける日系メーカーは、1970 年代の早期進出より、現地の
自動車産業とともに成長してきた。インドネシアの雇用創出や、幾度
か市場が縮小しても撤退せず投資し続け、現地の自動車産業の育成に
貢献してきたことにより、政府からの信頼も厚い。40 年前より着実に
投資を続けてきた結果、今では生産拠点から販売網まで、他国メー
カーを寄せつけない程のバリューチェーンを充実させている。しかし、
2015 年現時点で世界の大手メーカーがインドネシアに本格参入してき
ていないことを考えると、現在のインドネシア市場は日本車による SL
戦略がなされていると錯覚するが、実態はまだ甘い。今後、同国の市
場成長や ASEAN の自由貿易協定による変化にともなって、現在のプ
レゼンスを崩される可能性は大いにある。そのため、日系企業が現在
打つべき戦略は、インドネシア市場における SL 戦略の強化であろう。
　日系メーカーがインドネシア市場においてこのような SL 戦略の一
環として活用できる 2 つの事業計画を紹介したい。

ⅰ）MPA プロジェクト（ジャカルタ首都圏投資促進特別地域構想）

1つ目はインドネシアの内需拡大に対する戦略である。インドネシア政府は 2011 年 5 月に、2010 ～ 2025 年の長期的な開発計画である経済開発加速化・拡充マスタープラン（MP3EI）を発表している。MPA プロジェクトはこの政策の一環で、近年インドネシア政府と日本政府が連携して取り組んでいるプロジェクトである。このプロジェクトでは、2 兆円を超える大規模投資により、ジャカルタ近郊の各種インフラの整備を一気に進めることを目的としている。現在、日系企業グループ 11 社が計画策定にかかわっており、日系自動車メーカーを代表するトヨタ自動車もその一員である。トヨタ自動車はこのプロジェクトに参画し、さらに政府との関係を強めるほか、道路整備・商港整備といった自動車産業の発展には欠かせないバリューチェーンを確実に抑えることで、さらなる SL 戦略の強化を狙うことができるだろう。

ⅱ）生産拠点としての環太平洋システム・ロックイン

2つ目は自由貿易協定による変化に対して、世界規模で考えた戦略である。これまで、日系メーカーは ASEAN 戦略としてタイに生産拠点を集中させ、ASEAN 域内・域外へと輸出を行ってきた。現在では図表 4-7 のように、インドネシアもタイに並ぶ重要な生産拠点として位置づけられており、なおかつ今後起こりうる自由貿易協定締結の流れを受けて、新たな世界戦略が打ち出されるのは間違いない。外国からの安価な自動車が簡単にインドネシア市場に入ってくるという脅威が増す一方で、長い間日系メーカーが地道に積み重ねてきた生産拠点をフル活用して、現地生産した安価な自動車を環太平洋域内において輸出しやすくなるという大きな好機ともなりうる。その意味で、インドネシアは 10 年後も日系メーカーにとって重要な生産拠点となることは間違いない。これまで長い時間をかけて設備投資をしてきた日系

図表4-7 インドネシア自動車産業の役割および位置づけ

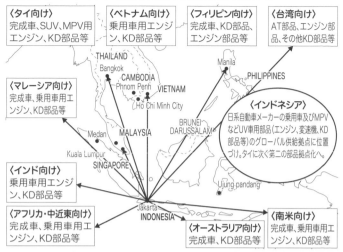

出所：FOURIN「インドネシア自動車・部品産業2014」2014年1月号。

メーカーにとって、インドネシアという国は、人口と経済成長に支えられた内需の拡大とともに、環太平洋域内での貿易促進の要を握っている、極めて魅力的な国であるといえよう。

4 水インフラ産業におけるデルタモデル視点での分析

（1）水ビジネスの現状―PPP案件の増加―

　最後に第1次産業であるインフラ産業のなかでも特に、PPP（public-private partnership）（従来、政府や自治体が担ってきた公共事業領域で民間の資本とノウハウを活用し、民間主導でサービスを提供する枠組み）を利用した水インフラビジネスを取り上げる。まずは水インフラビジネスがどんなものか説明していこう。

図表 4-8 世界水ビジネス市場の分野別成長見通し

☐：成長ゾーン、（市場成長率2倍以上）
☐：ボリュームゾーン、（市場規模10兆円以上）
■：成長・ボリュームゾーン

（上段：2025年…合計87兆円、下段：2007年…合計36兆円）

	素材・部材供給 コンサル・建設・ 設計	管理・ 運営サービス	合計
上水	19.0兆円 （6.6兆円）	19.8兆円 （10.6兆円）	38.8兆円 （17.2兆円）
海水淡水化	1.0兆円 （0.5兆円）	3.4兆円 （0.7兆円）	4.4兆円 （1.2兆円）
工業用水・ 工業下水	5.3兆円 （2.2兆円）	0.4兆円 （0.2兆円）	5.7兆円 （2.4兆円）
再利用水	2.1兆円 （0.1兆円）	—	2.1兆円 （0.1兆円）
下水 （処理）	21.1兆円 （7.5兆円）	14.4兆円 （7.8兆円）	35.5兆円 （15.3兆円）
合計	48.5兆円 （16.9兆円）	38.0兆円 （19.3兆円）	86.5兆円 （36.2兆円）

注：1ドル＝100円換算。
出所：Global Water Intelligence（2007）「Global Water Market 2008」〈https://www.globalwaterintel.com/client_media/uploaded/files/Global%20Water%20Market%202008%20slideshow%20pres.ppt〉、経済産業省試算。

　図表4-8は2025年の世界水ビジネス市場の供給目的分野別成長見通しである。全体における上水・下水処理の占める割合が2007年で89.7％、2025年で86％であり、水ビジネスの中心は今後しばらく水道インフラ産業であると推察できる。さらに、特に発展途上国の市場に的を絞った場合、メインとなるのは上水道事業単体と上下水道一体のビジネスだ。なぜなら、発展途上国では生活排水を直接川に放流することが慣習として行われていることが多く、下水料金を払う習慣が根づいていないため、下水処理事業が単体で成立しづらいからだ。

　また水ビジネスの業務分野は資機材供給、プラントエンジニアリング（EPC業務）、管理運営の3つのフローに分けられる。

第4章
企業の戦略フェーズを考察する

149

資機材供給とは、新たに敷設する水道管やポンプなど水道設備に用いる資材の生産である。プラントエンジニアリングとは、水処理施設などの建設業務である。さらにプラントエンジニアリングには大きく3つのステップがあり、水処理施設などの設計（engineering）、そこに必要な資機材の調達（procurement）、そして実際にそれらを用いた建設（construction）によって構成される。一連の業務をこれらの頭文字をとりEPC業務と呼び、これを請け負う契約をEPC契約と呼ぶ。管理運営はオペレーション＆メンテナンス（O&M）と事業運営に分けられる。O＆Mは水道設備の運営や定期検査、改修などの管理業務である。事業運営は水道料金の設定や徴収など水道事業のマネジメントを指す。

　基本的に、資機材供給・プラントエンジニアリングは、設備を新設、更新する際にのみ利益が上がる売り切り型のビジネスなのに対し、管理運営は20年、30年のスパンで利益を計上し続ける継続型のビジネスである。

　次に業務分野別の売上を見ていこう。**図表4-9**は産官学で日本の産業の国際競争力について議論を行う産業競争力懇談会が試算した業務分野別の市場規模である。全体規模111兆円のうち、素材が1兆円、

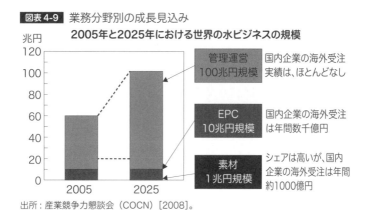

図表4-9　業務分野別の成長見込み
2005年と2025年における世界の水ビジネスの規模

出所：産業競争力懇談会（COCN）[2008]。

EPC 業務が 10 兆円、管理運営が 100 兆円と試算されている。

この試算において、管理運営事業からくる売上額が素材・EPC のそれを大きく上回ることから、水インフラビジネスの主戦場は管理運営であることがわかる。

日本において管理運営事業は地域の水道局が担っているが、新興国では PPP を通じた民営化が進んでいる。なぜなら、総合水事業会社である水メジャーが、「民営化こそが世界の水問題を解決する最良の手段である」という主張をしながら国連や世界銀行などの機関に働きかけており、そのようなロビー活動の成果もあって PPP 案件に優先的に融資が行われているためだ。そして PPP 案件の多くは総合力ある水メジャーに有利な EPC・O&M・管理運営のパッケージで発注されることが多く、この形式に対応できていない日本企業は苦戦を強いられている。

(2) 水メジャーと戦い案件を受注するために求められること

前述した水メジャーであるが、代表的なものはフランスのスエズ、ヴェオリア、イギリスのテムズウォーターである。これらの会社は総合水事業会社として EPC・O&M・管理運営をパッケージとして請け負える総合力が強みとしている。

スエズ、ヴェオリアの生まれたフランスは、約 150 年前のナポレオン 3 世の時代から水道の民営化が図られた世界でも有数の水道民営化国である。またテムズウォーターを生み出したイギリスも、サッチャー政権時代に公共事業に PPP を積極的に導入しており、水道の民営化が進んだ国である。このような歴史のなかで、水メジャー 3 社は国内で着実に実績を重ね、現在では世界の民営化案件の 3 割を受注している。彼らの海外進出は当初、水道インフラの規格の近い各々の旧植民地を中心に行われていたが、後に中国など活動の幅を広げている。また、このように受注案件を増やすなかで「規模の経済効果」を

第4章
企業の戦略フェーズを考察する

利用しており、ローコストな水道システムの提供を達成している。

　一方で水メジャー主体の民営化には批判もある。彼らはあくまで営利企業であり、損失の出る事業は行わない。そのため水道料金の値上げなどで政府や自治体との交渉が決裂した場合、事業から撤退する。このような公共の福祉よりも利益を優先する姿勢には批判が絶えない。

　水メジャーの強さを踏まえたうえで、日本企業の現状を見ていこう。日本企業の問題点は以下の3つに大別される。

　①管理運営のノウハウ、実績が水道局に偏在している。

　②各業務を別々の会社が担っている。

　③ローコストエンジニアリングが十分に行えない。

　まず①について説明する。日本の水道インフラは民営化が進んでおらず、依然として水道局による公共サービスが中心である。水道局が運営主体となり、EPCの発注、O&M、料金の徴収を行っているため、管理運営のノウハウも実績も日本の民間企業に蓄積されず、各地の水道局に偏在している。管理運営のうち、O&Mを民間企業が、事業運営を水道局が主に担っており、国内で民間企業が運営管理のノウハウを積み重ねるのが現状困難だ。

　次に②について説明する。日本には水道関連機材、EPC、O&Mの分野においては強みをもつ企業が多数存在し、特に水道関連機材、EPCの分野においては世界的に競争力もある。一方で、三菱商事、日揮、荏原製作所が出資する「水ing」を除き日本企業の多くはEPC・O&M・管理運営を1つのパッケージとして1社で網羅していないため、案件ごとに総合商社が中心となって複数社によるコンソーシアムを形成したうえで入札に参加する。この場合、参加企業同士の足並みが揃わず迅速な判断が下せない、パッケージとした際の実績が欠如し揃わずなどの点から案件獲得に不利になる。また、もし受注できたとしても、そのコンソーシアムの解散とともにノウハウと実績が霧散し

図表 4-10 水と衛生分野に関する国別の ODA 額

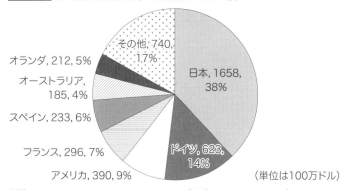

（単位は100万ドル）

出所：International Development Statistics (IDS) online databases〈http://www.oecd.org/development/stats/idsonline.htm〉をもとに筆者作成。

てしまうため、継続的な案件獲得につながりづらい。

　最後に③について述べる。ローコストエンジニアリングは文字どおり水道システムを安価な値段で提供することである。日本で普及している水道システムは漏水率などが格段に低い世界最高品質のものであり、日本企業はその品質を前提としたうえでコストを改善するため、他国の水道インフラに比べ高額である。新興国の水事業はとにかく資金難との闘いであり、「そこそこの品質で安い」ものが求められることも多々あり、「品質はそこまで高くないが値段は安いもの」を提供する中国などの新興国発インフラ企業に案件をとられるケースも少なくない。

　ここまで日本の水道インフラ産業の問題点を列挙してきたが、もちろん強みも存在する。それは融資の受けやすさだ。**図表 4-10** は水と衛生分野に関する国別の ODA 額である。日本政府は他国に比べて圧倒的に拠出額が多い。またインフラ投資に力をもつ世界銀行、アジア開発銀行への出資比率も高く日本企業が融資を受けやすい環境は整っている。そのため日本企業はそれらの融資を受けることで、他国の企業よりも資金的優位に立って交渉に当たることができる。

第4章
企業の戦略フェーズを考察する

(3) 大市場中国

①水不足大国―中国―

中国は水不足に悩まされている。中国の水問題の第1人者である劉昌明氏によると中国に存在する水の総量は地球の淡水のうち1.74％にとどまる。世界人口に占める中国の人口は19.2％であるため、人口に対してアクセス可能な淡水の割合が低いことがわかる。さらに、一人っ子政策が終わり人口も増加する見込みである一方、水質汚濁が深刻な社会問題であるため、水問題は避けては通れないのが現状だ。

中国は1990年代後半から外資を活用した水道民営化政策に力を入れ、現在、中国水市場の規模は3兆円で世界最大級だ。外資企業が参入する際には現地企業と合弁を組む必要があり、施設の総供給能力の50％以上を中国企業がコントロールすることが条件であるという点で外資規制も強いが、2025年には世界全体の7％強である12兆円市場となる試算もあり、十分に魅力的なはずだ。しかし、現在、欧州の水メジャーと中国内資企業に圧され、日本企業が入っていけていないの

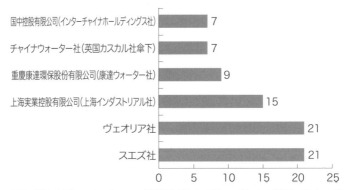

図表4-11 中国における受託儀行別PPPプロジェクト数

出所：Global Water Intelligence (2007)「Global Water Market 2008」〈https://www.globalwaterintel.com/client_media/uploaded/files/Global%20Water%20Market%202008%20slideshow%20pres.ppt〉。

が現状だ。

　図表 4-11 は中国における企業別 PPP プロジェクト受託件数トップ 5 である。上位はフランスのヴェオリア、イギリスのスエズなどの欧州系水メジャーと中国内資の企業により占められている。

②中国市場をロックインする水メジャーと現地企業

　中国における水事業に関する PPP 案件で、なぜ水メジャーが強いのか。世界の水道民営化案件発注の基本的な流れは以下のようなものだ。まず、政府または地方自治体が水問題に専門性をもつコンサルティング会社を雇い、民営化のためのマスタープランと入札のための要件定義書を作成する。そして、これをもとに入札を募り事業を委託する。そのためマスタープランと要件定義書を作成する水専門コンサル会社は多大な影響力をもつ。この水コンサルの作る要件定義書が水メジャーにとって有利、あるいは、水メジャーのみが実現できるものとなっていることが多いというのが、中国における水メジャーの強さの理由である。

　要件定義書が水メジャーに有利になっている理由は主に 2 点ある。1 点目は信頼性の高さである。水メジャーは数々の成功事例をもっており、彼らが構築する水道システムに対する信頼度も高いため、水専門コンサルもそのシステムを要件定義書に盛り込む。

　2 点目は水専門コンサルで働く水メジャー OB の存在である。複数の水産業における民営化案件に携わったことのある人材は水メジャー出身者を除くとほとんどおらず、結果的に水専門コンサルの社員の多くは元水メジャーの人間である。水メジャー出身者は当然古巣のシステムについて熟知しており、そのシステムを活用したマスタープランを想起しやすい。

　これをデルタモデルによって解釈すると、強力なプロプライアタリー・スタンダートとアクセス制限により実現された SL 戦略である。

第 4 章
企業の戦略フェーズを考察する

155

水メジャーは水道民営化の先行者として実績を保有することで、自社のシステムをプロプライアタリー・スタンダートとして確立している。また補完企業である「水専門コンサル」に対して人材供給を行うことでボンディングを強化し、市場のアクセス制限を実現しているのだ。水メジャーはこの戦略を世界規模、特に発展途上国において行っており競合他社をロックアウトしている。

　また中国企業も SL 戦略に成功している。本来デルタモデルにおいて SL 戦略とは、補完企業を用いて顧客を囲い込むことを目指すが、中国企業はすでに顧客である政府とのボンディングが非常に強く、補完企業を用いずに SL 戦略を達成しているのだ。

　このような水メジャー、中国企業による SL 戦略により日本企業は市場から締め出されている。

（4）混迷のインドネシア市場

①整備進まぬジャカルタ

　インドネシア市場は 2016 年には 1200 億円規模になる。1990 年代初頭に計画されたジャカルタの水道事業民営化は、1998 年より開始され、ジャカルタの東側は仏スエズが参画するパリジャ、西側は英テムズが参画する TPJ によって進められた。しかし、水メジャーへの支払いは現地通貨建てで行われたため、1997 年より深刻化したアジア通貨危機の影響を強く受け、投資回収・追加投資が困難になった。水メジャーは政府に対し水道料金の値上げを要求したが、政府はそれに反対する世論を重く受け止め許可を出さなかった。そのため、事業自体が滞り無収水率、水道の普及率ともに改善しないまま、水メジャー2社は撤退を決定し、テムズは 2007 年にシンガポールの投資ファンドであるアクアティコに、スエズは 2012 年に三菱商事とフィリピンのアヤラ財閥の合弁会社であるマニラウォーターにそれぞれ事業を売却した。

②政府と連携した問題解決能力の高い現地企業

インドネシア市場においてスエズやテムズら水メジャーは撤退を余儀なくされたが、その原因は政府との交渉力の有無である。彼らは水道料金の値上げや契約条件の交渉などをとおして政府と衝突しがちであった。

しかし、現在、水メジャーから事業を買い取ったマニラウォーターは現地財閥であるアストラグループと提携し、これらの交渉を円滑に行っている。これは産業界のみならず、政界にも人脈を有しており、さまざまな機関に対し影響力をもつ財閥の人的ネットワークによって達成されたものだ。

③混迷した市場の行く末

インドネシア政府は今後新たに外資を誘致するため、インフラに関する投資・アドバイザリーサービス・事業運営を担うPT PII、PT SMIといった組織を設立した。外資企業はこれらの組織を利用することで対政府交渉などが容易となり、リスクの低減が可能となる。

(5) 日本企業の生きる道

中国市場に参入できない原因分析をすることで日本企業の課題が明らかとなったが、これらの課題をいかに解決し、近い将来どうやってインドネシア市場で戦っていくべきであろうか。

まずは何よりもEPC、O&M、管理運営をパッケージとして輸出する準備を整えることである。特に管理運営のノウハウをもつ組織は非常に少なく、いかに海外進出の体制が整っている水道局を巻き込むかが鍵となるだろう。私企業とは異なり税金で運営される水道局は、企業と組み海外進出するために内部調整や市民の合意形成をせねばならず、現状、これが達成されているのは東京都水道局、北九州市水道局など数少ない水道局のみである。パッケージとしてのインフラ輸出を

行い、実績を積むことが今後の新興国におけるインフラ案件の受注では必要不可欠だ。

次に、水専門コンサル会社によって構築される水メジャーのSL戦略を崩すために、日本企業も水専門コンサルに人を送り込む必要がある。現状、水メジャー出身のコンサルタントが案件受注要件を作成することで、日本企業に不利な要件設定がなされている。日本側からも人を送り、日本側に有利な要件を混ぜることができれば日本企業の案件受注につながるだろう。

ここまでが水メジャーと戦うための戦略であるが、日本企業の競合は水メジャーだけではない。豊富な実績とローコストエンジニアリングを武器に中国企業が台頭してきている。新興国発のインフラ企業の強み・弱みを知ることで彼らに対しても勝つ戦略を考えなければならない。

中国市場はほかの新興国と同様、そこそこの性能かつ安価な商材・サービスが求められてきた。そのため、その市場で戦ってきた中国企業はローコストエンジニアリングのノウハウに強みをもつ。これはデルタモデルでいうところのベストプロダクト戦略における低コスト化戦略に強みをもつということだ。また中国国内で培った豊富な実績も強い武器である。

一方で、中国企業の弱みは①海外実績に未だ乏しいこと、②水専門コンサル会社に人を輩出できていないことである。現在、中国のプラントエンジニアリング企業などは中国国内ならば難なくEPCを遂行できる。しかし、海外事業の場合、中国企業は調達網をまだ構築できていないため、本来の強みであるローコストエンジニアリングの実行が難しい。これが海外実績の少なさにつながっている。しかし、中国企業が抱える弱みは中国主導のAIIB（アジアインフラ投資銀行）設立によりおそらく解決されていく。AIIBはアジアでのインフラ建設を支援する組織であり、今後、AIIBのアドバイスと資金援助を受けながら

中国企業が着実に新興国で事績を増やしていくと考えられる。

　そうなると仮定したとき、日本企業がとるべき戦略は、水メジャーのように自分に有利な受注要件を設定できるような SL 戦略だろう。コスト勝負では水メジャー、日本企業いずれも中国企業に勝てないので、できるだけ早く中国企業をコンペのステージに上がれないようにするのが得策だ。

5 各市場における デルタモデル視点での戦略フェーズ比較

　最後のまとめとして、ここまで見てきた 3 つの産業における戦略フェーズを、主たるプレイヤー企業の国籍と対象とする市場の視点で分類し、1 つの図にまとめてみたのが**図表 4-12** である。

　日本企業と海外の成功している企業を、同じ産業、市場で比べた際に、インドネシアでの自動車産業を除き、海外企業の方がデルタモデルにおいてより進んだ戦略フェーズで戦っていることが見てとれる。

　また戦略フェーズと市場でのシェアの相関を調べるため、横軸に戦略フェーズ、縦軸にシェアをとり、マップ化してみたのが**図表 4-13**

図表 4-12 各市場における企業の戦略フェーズ

対象国＼戦略フェーズ	ベスト・プロダクト戦略（BP）	トータル・カスタマー・ソリューション戦略（TCS）	システム・ロックイン戦略（SL）
中国	日本　日本	米国　日本　欧州	中国　欧州
インドネシア	日本　日本	欧州　米国　日本	日本

△：ファストフード産業　　□：自動車産業　　○：水インフラ産業
出所：筆者作成。

第4章
企業の戦略フェーズを考察する

159

図表 4-13 各国企業の市場別戦略フェーズのシェアの関係

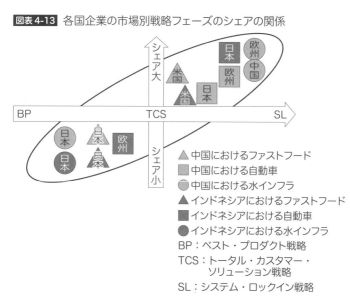

出所：筆者作成。

である。

この図を見ると、戦略フェーズの進展と市場シェアが正の相関をもっており、「デルタモデルでの戦略フェーズの進展＝市場シェアの拡大」という構図があることが理解できるだろう。また中国市場に比べインドネシア市場は戦略フェーズの進展が遅いこともうかがえる。したがって、プロダクトやそのラインナップに注力する BP 戦略のみならず、顧客を囲い込む TCS 戦略や、他社を寄せつけないシステムを構築する SL 戦略を、順を踏んで誰よりも先に実行していくことで、将来的に、日本企業がインドネシア市場において大きなシェアを獲得できる可能性が高まるといえるだろう。

▶参考文献

アーノルド・C.ハックス、ディーン・L.ワイルド 2 世［2007］『デルタモデル—ネットワーク時代の戦略フレームワーク』ファーストプレス。

浅沼宏和［2013］『ストーリーでわかるスターバックスの最強戦略』ぱる出版。

アメリカマクドナルド［2014］「Annual Report」〈http://www.aboutmcdonalds.com/content/dam/AboutMcDonalds/Investors/McDonalds2014AnnualReport.PDF〉。

インドネシア自動車製造者協会（GAIKINDO）〈https://www.gaikindo.or.id〉。

江口征男［2014］『中国 13 億人を相手に商売する方法「カネ」ではなく「チエ」で勝負する』ディスカヴァー・トゥエンティワン。

大橋英伍監修［2010］『日本の製造業を分析する自動車、電機、鉄鋼、エネルギー』唯学書房。

大原盛樹［2003］「中国の台頭とアジア諸国の機会関連産業—新たなビジネスチャンスと分業再編への対応（調査研究報告書）」9 月、日本貿易振興会アジア経済研究所〈http://www.ide.go.jp/Japanese/Publish/Download/Report/2003_02_05.html〉。

外務省・国際協力機構（JICA）［2014］「無償資金協力・技術協力を活用したインフラシステム輸出戦略に資する取組」6 月〈http://www.mofa.go.jp/mofaj/gaiko/oda/seisaku/keitai/musho/pdfs/201406_infra.pdf〉。

加賀隆一［2010］「国際インフラ事業の仕組みと資金調達—事業リスクとインフラファイナンス」中央経済社。

加賀隆一［2013］「実践アジアのインフラ・ビジネス—最前線の現場から見た制度・市場・企業とファイナンス」日本評論社。

加藤弘之・渡邉真理子・大橋英夫［2013］『21 世紀の中国 経済篇 国家資本主義の光と影』朝日選書。

関 敏［2011］『中国で繁盛店をつくるシンプルな方法』日経 BP 社。

久保田和也［2012］「北九州市の海外事業に関する取り組み—目的と課題と展望」新水道ビジョン策定検討会（第 6 回）資料〈http://www.mhlw.go.jp/stf/shingi/2r9852000002gt2u-att/2r9852000002gtpy.pdf〉。

経済産業省［2010］「水ビジネスを優先して取り組むべき地域・国（ASEAN・インド）」〈http://www.meti.go.jp/committee/materials2/downloadfiles/g100115c04j.pdf〉。

ケンタッキー・フライド・チキンチャイナ「店舗等現地情報」〈http://www.yum.com/investors/restcounts.asp〉。

古賀義弘編著［2011］『中国の製造業を分析する—繊維・アパレル、鉄鋼、自動車、造船、電機・機械』唯学書房。

産業競争力懇談会（COCN）［2008］「水処理と水資源の有効活用技術」3 月 18 日〈http://www.cocn.jp/thema07-L.pdf〉。

重光克昭［2010］『中国で一番成功している日本の外食チェーンは熊本の小さなラーメン屋だって知ってますか？』ダイヤモンド社。

自由民主党［2008］『「水の安全保障研究会」最終報告書』自由民主党特命委員会

「水の安全保障研究会」。

週刊東洋経済［2015］「第1特集 トヨタ！進撃再開」5月2日・9日合併号。

瀬越雄二［2008］「中国における水ビジネス市場—その市場特性と市場規模」10月29日〈http://www.dir.co.jp/souken/consulting/report/emg-mkt/newsletter/09010801newsletter.pdf〉。

玉真俊彦［2010］『水ビジネスの教科書—水サービスを発展させる官民協働と業務改善の進め方』技術評論社。

段野孝一郎［2014］「最近の水ビジネス市場と主要プレーヤーの動向」3月17日〈https://www.jbic.go.jp/wp-content/uploads/topics_ja/2014/04/20640/danno_20140317.pdf〉。

茅根由佳［2013］「インドネシアの首都ジャカルタ水道事業と民営化政策をめぐる攻防—ポスト・スハルト期の政治経済構造の継続と変容」『東南アジア研究』Vol.51、No.1、pp.139-161〈https://repository.kulib.kyoto-u.ac.jp/dspace/bitstream/2433/179427/1/510105.pdf〉。

趙　瑋林［2013］「新たな段階に入る中国自動車産業のチャンスと課題（1）」3月15日、富士通総研ホームページ〈http://www.fujitsu.com/jp/group/fri/column/opinion/201303/2013-3-2.html〉。

趙　瑋林［2013］「新たな段階に入る中国自動車産業のチャンスと課題（2）」5月24日、富士通総研ホームページ〈http://www.fujitsu.com/jp/group/fri/column/opinion/201305/2013-5-5.html〉。

チョウドリ・マハブブル・アロム［2013］『アジア諸国の自動車産業の発展分析と展望—理論的なインプリケーション』創成社。

長沢伸也・今村彰啓［2014］「水ビジネスの現状と課題—ヴェオリア社のビジネスモデルを中心に」『早稲田国際経営研究』No.45、pp.139-148〈https://waseda.repo.nii.ac.jp/?action=repository_action_common_download&item_id=14358&item_no=1&attribute_id=162&file_no=1〉。

中西孝樹［2013］『トヨタ対VW（フォルクスワーゲン）—2020年の覇者をめざす最強企業』日本経済新聞出版社。

中村靖彦［2004］『ウォーター・ビジネス』岩波新書。

中村吉明［2010］『日本の水ビジネス』東洋経済新報社。

西野浩介［2014］「中国自動車産業の課題と展望」『三井物産戦略研究所』8月12日、三井物産戦略研究所ホームページ〈https://www.mitsui.com/mgssi/ja/report/detail/__icsFiles/afieldfile/2016/10/20/140812i_nishino.pdf〉。

21世紀中国総研編［2015］『一目でわかる中国進出企業地図〈2015〜2016年版〉』蒼蒼社。

日本経済新聞電子版［2015］「三菱自など自動車大手、インドネシア車生産再編2月28日〈http://www.nikkei.com/article/DGXLASDX27H29_X20C15A2FFE000/〉。

梅　松林・寺村英雄［2008］「新たな段階に向かう中国自動車産業の課題」『知的資産創造』7月号、pp.44-61〈https://www.nri.com/jp/opinion/chitekishisan/2008/pdf/cs20080706.pdf〉。

162

服部聡之［2010］「水ビジネスの現状と展望―水メジャーの戦略・日本としての課題」丸善。

浜田和幸［2011］「中国最大の弱点、それは水だ！―水ビジネスに賭ける日本の戦略」角川 SSC 新書。

ハワード・シュルツ、ドリー・ジョーンズ・ヤング（1998）『スターバックス成功物語』日経 BP 社。

藤井真治［2011］「講演会 インドネシア自動車市場の潜在力と日本企業」『愛知大学国際問題研究所紀要』No.138、pp.1-37.〈https://aichiu.repo.nii.ac.jp/?action=repository_action_common_download&item_id=2796&item_no=1&attribute_id=22&file_no=1〉

藤井真治［2011］「インドネシア，マレーシア，タイ自動車産業発展比較」『愛知大学国際問題研究所紀要』No.138、pp.277-289。〈https://aichiu.repo.nii.ac.jp/?action=repository_action_common_download&item_id=2806&item_no=1&attribute_id=22&file_no=1〉

宝月章彦［2012］『水ビジネスの再構築―基本技術から海外進出のノウハウまで』環境新聞社。

丸川知雄・高山勇一編［2014］『グローバル競争時代の中国自動車産業』蒼蒼社。

丸山恵也編［1997］『新版 アジアの自動車産業』亜紀書房。

水 ing［2013］「水 ing の PPP ／ PFI への取り組みについて」下水道の運営における PPP ／ PFI の活用に関する第 3 回検討会資料〈http://www.mlit.go.jp/common/000990647.pdf〉。

水ビジネス国際展開研究会［2010］「水ビジネスの国際展開に向けた課題と具体的方策」4 月〈http://www.meti.go.jp/committee/summary/0004625/pdf/g100426b01j.pdf〉。

毛利良一［2006］「マニラ上下水道事業の外資参加・民営化の功罪―貧困層に安全な水をどう供給するか」『日本福祉大学経済論集』No.32、pp.1-25〈http://mihama-w3.n-fukushi.ac.jp/ins/mohri/mohri%20papers/mohri%202006%20manila%20water.pdf〉。

茂木正朗［2012］『親日指数世界一の国！ インドネシアが選ばれるのには理由がある』日刊工業新聞社。

山崎修嗣［2010］『中国の自動車産業』（叢書インテグラーレ）丸善。

吉野家ホールディングス「吉野家の海外展開の歴史」〈http://www.yoshinoya-holdings.com/ir/about/global/2010.html〉。

Asahi Networks［2013］「海外進出企業にとってのグループ経営」9 月 25 日〈http://www.asahinetworks.com/archives/2481〉。

FOURIN［2012］「中国自動車産業 2012」2 月 27 日号。

FOURIN［2014］「インドネシア自動車・部品産業 2014」1 月号。

Global Water Intelligence［2007］「Global Water Market 2008」〈https://www.globalwaterintel.com/client_media/uploaded/files/Global%20Water%20Market%202008%20slideshow%20pres.ppt〉。

N's Spirit 投資学・経営学研究室「デルタモデル」〈http://www.nsspirit-cashf.com/manage/delta_model.html〉。

OECD Horizontal Programme on Water [2013]「FINANCING WATER AND SANITATION IN DEVELOPING COUNTRIES」International Development Statistics (IDS) online databases 〈http://www.oecd.org/development/stats/idsonline.htm〉。

あとがき　本書をとおして伝えたいメッセージ

　本書は「10年後のインドネシアは中国のようになるのか？」を大テーマとして、中国やインドネシアでビジネスを行う可能性のある方々をターゲットに一橋大学商学部グローバルマーケティング研究室の学生たちが執筆したものです。

　この本をとおして私たちが伝えたかったことは大きく3点あります。1点目は、ビジネスにおけるインドネシアの可能性です。第1章で述べたように、インドネシアは今後急成長が見込まれるASEAN地域の大国であり、世界4位の人口、増加する中間層、石油や天然ガスなど豊富な天然資源、自由な経済環境などを背景に将来中国にも匹敵するような経済大国になると予想されています。この次世代の経済大国の重要性を、改めてデータで確認することで、日本企業が未来の国際経済で優位性のあるポジションを獲得するための手助けができたら良いと考えております。

　2点目は、中国、インドネシアという2つの大国との付き合い方です。今の経済大国中国と次世代の経済大国インドネシアの魅力を語るだけではなく、実際にどうやって付き合っていくのが良いかを考察することで、これから実際に行動をとっていかなければならない日本企業の1つの指針となりたいと思っています。本書では全体をとおして政治経済に関しては「統制と自由」、文化に関しては「面子と実利」というキーワードを用いて両国をそれぞれ特徴づけてきました。人とコミュニケーションをとるときと同様に、やはり国とのかかわり方を考えるうえでも、相手を知り、相手の出方を予測するということが重要です。

　さらに第2章では「国や人の成熟段階」という概念を紹介しました。国の発展度合いには当然のことながら違いがあります。日本は世界的

に見ても成熟した国であり、そのような先進国から中国やインドネシアといった新興国に進出すると日本の当たり前が通用しないことも多いでしょう。そこで、どうにもならないと嘆いても仕方がありません。「成熟段階」という軸で日本・中国・インドネシアを並べることで、成熟した国での経験を発展途上な国で活かす方法の解明に努力したつもりです。

3点目は日本企業へのエールです。GDPランキングで日本が世界2位から3位に転落し、経済成長率も時にマイナス成長を示すほど低迷しているからといって企業はすべてを放り投げて経済活動を止めるわけにはいきません。自分たちが生活し、家族を守り、これからも日本とともに生きていくためには日本企業の頑張りが必要不可欠です。私たちが微力ながらグローバルマーケティングという知見を活用して企業にさまざまな提言を行うように、1人ひとりがチームジャパンとして応援し合い・協力していくことがグローバルな競争社会を生き残っていくうえで大事なことなのではないでしょうか。

私たちの2年間に及ぶ研究成果から、何らかの示唆を提供できたのであれば光栄です。

2018年3月

塚原章裕

【編著者紹介】

鷲田祐一（わしだ　ゆういち）

一橋大学大学院経営管理研究科　教授

1968年生まれ、福井県出身。1991年一橋大学商学部卒業。同年（株）博報堂に入社し、生活総合研究所、イノベーション・ラボで消費者研究、技術普及研究に従事。
2008年東京大学大学院総合文化研究科博士後期過程を修了（学術博士）。
2011年一橋大学大学院商学研究科准教授。2015年から現職。
ミクロ視点での普及学、グローバルマーケティング、ユーザーイノベーション論、未来洞察手法、デザインとイノベーションの関係などを研究している。

平成29年度文部科学省科学技術・学術政策研究所客員研究官、平成29年度科学技術振興機構研究開発戦略センター特任フェロー、平成29年度経済産業省・特許庁「産業競争力とデザインを考える研究会」（座長）などを歴任。

〈主な著書〉

『日本企業は次に何を学ぶべきか』（編著）同文舘出版、2016年
『未来洞察のための思考法：シナリオによる問題解決』（編著）勁草書房、2016年
『イノベーションの誤解』日本経済新聞出版社、2015年
『日本は次に何を売るか』（編著）同文舘出版、2015年
『デザインがイノベーションを伝える：デザインの力を活かす新しい経営戦略の模索』有斐閣、2014年　ほか

【一橋大学商学部グローバルマーケティング研究室】

鷲田祐一教授が指導する学部ゼミナールと大学院ゼミナール（総勢約35名）の研究室。毎年、チーム制でいくつかの研究テーマを設定し、教授・大学院生・学部生が合同でアジア各国に取材・調査出張を実施。若く新鮮な視点で日本企業のグローバルマーケティング戦略の研究を重ねている。

平成30年5月10日　　初版発行　　　　　　　　　略称：インドネシア

インドネシアはポスト・チャイナとなるのか
―アジア巨大市場の10年後―

編著者　　ⓒ鷲　田　祐　一

発行者　　　中　島　治　久

発行所　同文舘出版株式会社

東京都千代田区神田神保町1-41　　〒101-0051
営業（03）3294-1801　　編集（03）3294-1803
振替 00100-8-42935　　http://www.dobunkan.co.jp

Printed in Japan 2018　　　　　　　　　DTP：マーリンクレイン
印刷・製本：三美印刷

ISBN978-4-495-64931-9

JCOPY〈出版者著作権管理機構 委託出版物〉
本書の無断複製は著作権法上での例外を除き禁じられています。複製される場合は、そのつど事前に、出版者著作権管理機構（電話 03-3513-6969、FAX 03-3513-6979、e-mail: info@jcopy.or.jp）の許諾を得てください。

本書とともに〈好評発売中〉

日本は次に何を売るか

鷲田　祐一　[編著]

A5 変型版・260 頁
定価（本体 2,200 円＋税）

日本企業は次に何を学ぶべきか

鷲田　祐一　[編著]

A5 変型版・238 頁
定価（本体 1,900 円＋税）